作者簡介

譚戒甫(1887～1974)，武漢大學歷史系教授，著名學者。湖南湘鄉(今漣源)人。原名作民，字介夫；後改名銘，字戒甫，繼而廢名用字。先後爲中國同盟會、中國國民黨革命委員會會員。1911年肄業于上海高等實業學堂(今上海交通大學)電機工程科。1913年至1915年任湖南一中、第一師範教員。1928年至1938年任武漢大學文學院中文系教授。1938年至1945年先後任西北大學、西北師範學院、貴州大學、貴陽師範學院、之江大學等校教授。1946年至1953年任湖南大學教授及文學院院長兼中文系系主任。1953年至1974年任武漢大學歷史系教授。前後在武漢大學任教三十餘年。其一生主要研究先秦諸子，旁及西周金文和楚辭，尤精《墨辯》。運用自然科學知識研究古籍是其治學特色。從《墨辯》中發現『形名家』和『墨辯論式』，構建譚氏墨學體系是其學術結晶。主要著作有《墨辯發微》、《公孫龍子形名發微》、《墨經分類譯注》、《莊子天下篇校釋》、《校呂遺誼》、《屈賦新編》等。

图书在版编目(CIP)数据

公孙龙子形名发微/谭戒甫撰.—武汉：武汉大学出版社，2006.11
武汉大学百年名典
ISBN 7-307-05273-3

Ⅰ.公… Ⅱ.谭… Ⅲ.公孙龙(前320～前250)—哲学思想—研究
Ⅳ.B225.45

中国版本图书馆CIP数据核字(2006)第119436号

责任编辑:陈 琦

出版发行：**武汉大学出版社** (430072 武昌 珞珈山)
(电子邮件：wdp4@whu.edu.cn 网址：www.wdp.com.cn)
印刷:武汉中远印务有限公司
开本：720×980 1/16 印张:11.5 字数:107千字 插页:4
版次:2006年11月第1版 2006年11月第1次印刷
ISBN 7-307-05273-3/B·161 定价:21.00元

公孫龍子形名發微

目錄

公孫龍子形名發徵

前言

形名之家從何時起，今已不甚可考。惟莊子天道篇引「故書」說：

有形有名。形名者古人有之，而非所以先也。

所論空泛，很難得到指歸。後見戰國策趙策二載蘇秦對秦王說：

夫形名之家皆曰「白馬非馬」也。

形名家三字初見於此。白馬非馬，本書跡府引得很多，確是公孫龍所主張的形名學說；當時馳騁橫溢，孔穿特往趙平原君家想折服他，竟結舌大敗而歸。其實，形名二字的含義，若利用現代的語文作解釋，是容易清楚的。因爲凡物必有形，再由形給它一個名，就叫「形名」。由是得知：形名家只認有物的「形」，形兼色性說。不認有物的「實」。他以爲「形」即是物的標幟，「名」即是形的表達；物有此形，即有此名。若人由名求物，由物求形，是易見的。若必由名而求物實，那個實究竟是什麽東西，很難說的；卽或能說，而所說的究竟能够達到什麼程度，還是很難的。然則「實」這個東西，終於不可捉摸，只好歸到形和名罷了。

「白馬」只是舉一個例。茲先說馬：設此有一物，四足，無角，項有鬣，尾有鬃，卽是賦把它的形；因有此形，人呼爲馬，也卽是給把它的名。所謂「形名」，就是這樣。但是，有人懷疑，以爲馬有骨肉皮毛，分明是實，何能說沒有呢？形名家可答應說：馬有骨肉皮毛，不過是物形的積聚。若分析馬的骨肉皮毛至於極微，像火燒灰飛一樣，爲我們五官聞見嗅嘗觸所不及，那末，馬的實究竟在哪裏？卽謂極微仍有，如莊子天下篇所載公孫龍的話說：

一尺之棰，日取其半，萬世不竭。

所謂萬世不竭，純爲想像中的事，而它所表現在意識上的，不過默揣它有這樣一個形象罷了。故分析馬的骨肉皮毛至於極微，已等於無，而意識上仍覺其有，也不過是想像其形吧。

次說白馬，就是說物有馬形而爲白色，卽公孫龍子白馬論所謂

合白與馬，復名（複名）白馬

的意思；若把算式表示，當爲

白＋馬＝色＋形。

由此看來，公孫龍提出「白馬非馬」的論題，大意當是：白馬就是白馬，不得偏去一個白，也不得偏去一個馬；故不可說白馬爲白，自然也不可說白馬爲馬了。他的結論就是這樣得出來的。由此說來，天下萬物，形名二字可以括盡。故公孫龍總揭其義，叫做「形名」以成其學。「形名學」這個學術名詞，在我們的學者們中間好像還是有些陌生的。這也難怪，因爲我發現它後，並沒有很好地介紹出來，人家實在摸不着頭腦，自然要說「無徵不信」了。

可是，我並不是完全沒有介紹過的。記得一九二九年，武大的文哲季刊出版，其第一期的第一篇就是我的論晚周形名家。後來有一位外文先生和我在粵漢鐵路武長段的火車上會見，他說有西方某雜誌曾對我的形名學說作過介紹，並展開了一番討論。他說回校後給我看，但事過境遷，終於忘記，至今連外文先生的姓名也記不起來了。從那一年到現在，已經過了二十多年，在我們舊社會那種多災多難的環境裏沒有把不急需的形名學說展開討論，仍然是不足怪的。

本來西方哲學界有一派主張絕對的存在或事物的本質爲不可知的一種學說，名爲「不可知論」（Agnosticism）。如古代的新柏拉圖派和後世的斯賓挪莎等都認「神」爲唯一的實體，我們人之所能知，只爲其屬性的表著於現象界的一些東西；至於它們的本質，說是終不可知的。形名家主張「指不至」，即謂物的現象不能達到實體，頗像「不可知論」的說法；但又不像他們以「神」爲唯一的實體那樣，似乎形名家還要高出一籌。茲因觸及舊事，連類一提，或可藉以引起近世哲學家的研究興趣吧。

一九三五年，我的墨經易解出版，那裏面有好些地方也曾提出過名家和形名家所對爭的論題。如果說不是二家對爭，問題就不能解決；若作爲對爭，就覺得文從字順，不煩牽扯了。這是事實，但學者們好像是一直沒有誰引起多大的注意。不過，他們既沒有表示承認，也很少有人提出過駁議，這是使我要懷疑的地方。

我這個發現究竟對不對，還要看所持的理論究竟是不是；要看理論究竟是不是，還要看它所表現的事實究竟合不合。理論是應該和事實聯貫成一條直線的。現在我的形名發微出版了，很幸運地正碰着科學進軍火熱的時候，我想我們親愛的哲學家們，處在這個「百家爭鳴」、「推陳出新」的大時代，必定會要對於形名學說展開熱烈的討論了。

形名學說是戰國百家裏面的一派，它在當時確實掀起過相當大的波浪，曾引起人們的注意和批判。現在我希望並請求哲學家們，不吝賜教地來重新確定它的地位，並且重新估量它的價值，使我們的這份哲學遺產更加得到重視，也不使我白費這點力氣。

戒甫　一九五六年十一月廿八日

本書一九五七年由科學出版社出版，現在又作了若干訂正，交中華書局重排印行。

戒甫　一九六二年十二月

公孫龍子形名發微

傳略第一

公孫龍者，姓公孫氏，名龍，

案史記仲尼弟子列傳亦有「公孫龍，字子石，少孔子五十三歲」。集解引鄭玄曰「楚人」，正義引家語云「衛人」，此則姓名偶同者。然孟荀列傳索隱竟以趙公孫龍爲堅白同異之辯者謂即仲尼弟子，未免失考。

或字子石，

列子仲尼篇殷敬順釋文云：「龍字子秉。」案殷說不見他書。莊子徐無鬼篇有「儒、墨、楊、秉四，與夫子（指惠施。）爲五」之語，所謂「秉」者不知何人；洪頤煊讀書叢錄十四、梁玉繩瞥記五，均謂秉爲宋之譌。殷即據以爲龍之字，不可從也。惟鹽鐵論第三十一，丞相史引有公孫龍語。王啓原注：「按孔子弟子公孫龍，字子石。七國時著書者又一人。據下所言，則平原君之客，非聖門弟子也。後又舉其字爲子石，按後文賢良答，有「此子石所以歎息也」之言。則二人俱字子石。龍，當讀如礱。」此名字相應，似得其實。

趙人。

子、史所載皆同。惟呂氏春秋應言篇高誘注謂爲「魏人」。案應言以前諸篇屢言公孫龍，未嘗著其國籍，不宜至此始注云魏人；似非原本如此。或淺人以應言前段係言魏事，又莊子秋水篇有「龍問魏牟」，列子仲尼篇有「龍誑魏王」各一節，因而亦認龍爲魏人與？

其生卒年壽，皆不可考；然卒歲約與趙平原君相上下。

史記六國表：「趙惠文王元年，以公子勝爲相，封平原君。孝成王元年，平原君相。十五年，世家在十四年。平原君卒。」又平原君傳：「平原君趙勝者，趙之諸公子也，……相趙惠文王及孝成王，三去相，三復位，封於東武城。」按魏公子傳稱「魏惠文王弟平原君」；而趙策四載諒毅對秦王曰：「平原君，親寡君之母弟也。」則平原君爲惠文王同母弟而非諸公子甚明。考趙世家，武靈王十六年始納惠后；設至早惠文王十七年生，平原君十八年生，至二十七年武靈傳國，惠文僅十一齡，平原僅十齡。其時肥義爲傳相當國，所謂惠文元年以勝爲相者必無此事。或者惠文元年封勝爲平原君，遂誤以爲相歟？蓋孝成元年，平原君始相，相十五年而卒；然則平原君壽止六十以下耳。約五十七八之譜。公孫龍嘗客平原君所，雖不知始自何年，然惠文王謂龍曰：「寡人事偃兵十餘年而不成」云云。龍對曰：「今藺離石入秦，及東攻齊得城」云云。見呂覽審應篇。考趙世家，惠文王十七年，秦拔趙兩城。十八年，秦拔趙石城。所謂兩城、石城，當卽藺、離石、祁三城先後歸秦者。西周策：「蘇厲謂攻趙取藺、離石、祁者皆白起。」高注：「藺、石本屬西河，祁本屬太原也。」又十四年，相國樂毅將趙、秦、韓、魏、燕攻齊，取靈邱；十六年，王與燕王遇，廉頗將，攻齊昔陽，取之；年表在十五年。卽所謂東攻齊得城者。按惠文王四年，公子章作亂，主父困死，王乃莅位；今世家誤作立立。至十八年秦取石城，惠文親政已十四年，正與「事偃兵十餘年」之說合。然則龍爲此言，約當在惠文王二十年左右。又龍說燕昭王以偃兵曰：「日者大王欲破齊，及其卒，果破齊以爲功」云云。見呂覽審應篇。考趙世家，惠文王十五年，燕昭王時在位二十八年。來見，趙與韓、魏、秦共擊齊，齊王敗走；燕獨深入取臨菑：所謂破齊爲功者。疑龍卽於是時得見昭王說之。又淮南子載龍在趙收有門弟子，後往說燕王，至於河上；或卽此時說以偃兵，亦不過當惠文王十六七年之頃。末後龍勸平原君勿以存邯鄲受封，見後。乃在孝成王十年。則龍在平原君所，卽以惠文王十五六年起至孝成王十一二年止計之，當有三十年左右。而龍勸惠文王及燕昭王偃兵之時，言頗精當，學有所成，其年或已不下三十。若此，則龍之生當在武靈王十餘年時；而平原君每呼龍以「公」，亦足見龍老長耳。苟龍之卒在平原君後，其壽當越六十以上云。

好形名，爲辯者。

孔叢子謂「公孫龍好刑名」。按此刑字爲「形」之假。莊子謂「公孫龍辯者之徒」。所持「堅白」「同異」諸說，輒與名家相反。名家言堅白相盈；龍言堅白相離。名家言同異交得；龍言合同異。其餘不勝枚舉，別見學徵理詮二篇。

嘗在平原君所，與孔穿論「白馬非馬」「臧三耳」甚析；

見孔叢子及呂氏春秋，皆詳下跡府第二。

平原君厚遇之。

平原君傳：「平原君厚待公孫龍。」

趙孝成王九年，秦攻趙，平原君使人請救於魏；信陵君發兵至邯鄲。十年，秦兵罷。虞卿爲平原君請益地於趙王；龍聞之，夜駕見平原君，爲計勿受，卒勸阻之。

見趙策三及平原君傳。

空雒之會，秦趙相約爲助。未幾，秦攻魏，趙欲救之；秦王因讓趙王背約。趙王以告平原君，平原君以告公孫龍，亦謂可發使讓秦王背約。其機變而持大體如此。

見呂氏春秋。

又嘗說趙惠文王及燕昭王以偃兵。其謂惠文王曰：「偃兵之意，兼愛天下之心也；兼愛天下，不可以虛名爲也，必有其實。」亦墨家「兼愛」「非攻」之旨。

見前引。按戰國時兼愛、非攻之說，實爲各家所同具，特墨家較爲强調；然若以此而即認龍亦屬墨徒，必相左矣。

在趙時，徒屬當不少。

平原君傳集解引劉向別錄：「公孫龍及其徒綦母子之屬。」又淮南道應篇謂龍不與無能者遊；然有能呼者亦與之弟子之籍。其門下之多而且雜，可以概見。

後鄒衍過趙，言「五勝三至」之道，乃絀之。

平原君傳：「及鄒衍過趙言至道，乃絀公孫龍。」又集解引劉向別錄：「平原君見公孫龍等論『白馬非馬』之辯，以問鄒子。鄒子曰：『不可。彼天下之辯有五勝三至，按鄒衍善言五行相勝，故曰五勝。三至疑作三正，後「辭正」即其一耳。而辭正爲下。』」又孔叢子載平原君謂龍曰：「公辭勝於理，終必受絀。」

所著書，漢劉向校錄之爲十四篇。

案漢書藝文志名家載「公孫龍子十四篇」，本諸劉略。今道藏本三卷，六篇：上卷，跡府白馬；中卷，指物通變；下卷，堅白名實。亦有六篇合爲一卷者。然跡府第一爲後人所增，實存五篇云。

跡府第一（道藏本原第一）

案今公孫龍子全書六篇，首篇原題跡府第一。舊注：「府，聚也。述作論事之跡，聚之於篇中，因以名篇。」文祇二段：道藏本不分段。前段爲後漢桓譚所作；詳後流別篇四之甲。後段核由孔叢子抄襲而成，或唐人所增。謂之跡府，疏略不倫。且後五篇皆曰「論」，此次爲第一，宜卽別傳之類耳。茲於原文以外，增輯子史衆說，仍其篇名；其煩簡眞僞，閱者分別觀之可也。

公孫龍，六國時辯士也，疾名實之散亂，因資材之所長，爲「守白之論」。俞樾云：「守之言執守也。執白以求馬，是謂守白。」按俞說非。白馬論云：「有白馬不可謂無馬者，離白之謂也；不離者，有白馬不可謂有馬也。」蓋或以白馬爲馬，謂之「離白」；龍云白馬非馬，謂之「不離白」。不離白，卽守白也。離白、守白，相對爲文。假物取譬，以「守白」辯，謂「白馬爲非馬」也。白馬爲非馬者，言白所以名「色」，言馬所以名「形」也。名，白馬論作命。色形，非形，非色也。今作「色非形，形非色也」，不獨其義膚淺，且非其指意所在。蓋此句卽承上「白馬非馬」言；白馬非馬，亦可謂白馬非白，故曰「色形，非形，非色也」。今倒誤「形非」二字，遂與上下文不相承接。夫言色則形不當與，言形則色不宜從；今合以爲物，非也。白馬者，色形合言也。蓋謂白馬爲白，是「以色形爲色」，則不可；故言色則形不當與也。又謂白馬爲馬，是「以色形爲形」，亦不可；故言形則色不宜從也。「色形」「白馬」本皆二事，今分言「爲白」「爲馬」，乃合二事以爲一物，非也。如求白馬於廄中，無有，而有驪色之馬；然不可以應有白馬也。按通變論謂驪色爲非正舉，而白馬論亦只言黃馬或黃、黑馬，莊子天下篇謂「黃馬驪牛三」而非四，以其去驪耳。然則此云「驪色之馬」，殊失公孫本意。不可以應有白馬，則所求之馬亡矣。亡則白馬竟非馬。欲推是辯以正名實而化天下焉。

龍與孔穿會趙平原君家。穿曰：「素聞先生高誼，願爲弟子久；但不取先生以白馬爲非馬耳。請去此術，則穿請爲弟子。」龍曰：「先生之言悖。龍之所以爲名者，乃以白馬之論爾。案此白馬之論，省稱之詞。今使龍去之，則無以教焉。且欲師之者，以智與學不如也。今使龍去之，此先教而後師之也。先教而後師之者悖。且白馬非馬，乃仲尼之所取。龍聞楚王張繁弱之弓，載忘歸之矢，以射蛟兕於雲夢之圃，而喪其弓。左右請求之。王曰：『止！楚人遺弓，楚人得之，又何求乎？』仲尼聞之曰：『楚王仁義而未遂也。亦曰人亡弓，人得之而已，何必楚？』若此，仲尼異楚人於所謂人。夫是仲尼異楚人於所謂人，而非龍異白馬於所謂馬，悖。先生修儒術而非仲尼之所取，欲學而使龍去所教，則雖百龍固不能當前矣。」孔穿無以應焉。

公孫龍，趙平原君之客也。孔穿，孔子之葉也。穿與龍會，穿謂龍曰：「臣居魯，側聞下風，高先生之智，說先生之行，願受業之日久矣；乃今得見。然所不取先生者，獨不取先生之以白馬爲非馬耳。請去白馬非馬之學，穿請爲弟子。」公孫龍曰：「先生之言悖。龍之學，以白馬爲非馬著也；案著，原誤作者，茲改正。著，卽前龍之所以爲名之意。使龍去之，則龍無以教。無以教而乃學於龍也者，悖。且夫欲學於龍者，以智與學焉爲不逮也。今教龍去白馬非馬，是先教而後師之也。先教而後師之，不可。先生之所以教龍者，似齊王之謂尹文也。齊王之謂尹文曰：『寡人甚好士；以齊國無士，以，猶而也。何也？』尹文曰：『願聞大王之所謂士者。』齊王無以應。尹文曰：『今有人於此，事君則忠，事親則孝，交友則信，處鄉則順，有此四行，可謂士乎？』齊王曰：『善！此眞吾所謂士也。』尹文曰：『王得此人，肯以爲臣乎？』王曰：『所願而不可得也。』是時齊王好勇。於是尹文曰：『使此人廣庭大衆之中，見侵侮而終不敢鬭，王將以爲臣乎？』王曰：『詎士也？見侮而不鬭，辱也。辱則寡人不以爲臣矣。』尹文曰：『唯見侮而不鬭，未失其四行也。是人未失其四行，是未失其所以爲士也。俞樾云：「按唯，當爲雖，古書通用。呂氏春秋正名篇正作『雖見侮而不鬭』。『其所以爲士也』上，脫『是未失』三字，當據呂氏春秋補。」按俞校甚是，茲照補「是未失」三字。然而王一以爲臣，一不以爲臣；一，猶或也。則向之所謂士者乃非士乎？』齊王無以應。尹文曰：『今有人君將理其國，人有非則非之，理字、人字，呂氏春秋作「治」、作「民」，下同。此皆唐人避諱改之也。無非則亦非之；有功則賞之，無功則亦賞之：而怨人之不理也可乎？』齊王曰：『不可。』尹文曰：『臣竊觀下吏之理齊，其方若此矣。』呂氏春秋無其字。王曰：『寡人理國，信若先生之言。人雖不理，寡人不敢怨也。意同抑。未至然與？』尹文曰：『言之，敢無說乎？王之令曰：「殺人者死，傷人者刑。」人有畏王之令者，見侮而終不敢鬭，是全王之令也；而王曰：「見侮而不鬭者辱也。」謂之辱，非之也。無非而王辱之，故因除其籍不以爲臣也。不以爲臣者，罰之也。此無罪而王罰之也。且王辱不敢鬭者，必榮敢鬭者也。榮敢鬭者，無是而王是之，據上文補無字。必以爲臣矣。必以爲臣者，賞之也。被無功而王賞之。王之所賞，吏之所誅也；上之所是，而法之所非也。賞罰是非，相與四謬，雖十黃帝不能理也。』齊王無以應焉。故龍以子之言有似齊王。子知難白馬之非馬，不知所以難之說。以此，猶知好士之名，而不知察士之類。」

右三段，原作二段。卽公孫龍子跡府第一之原文。

公孫龍者，平原君之客也；好刑名，刑與形通用。以白馬爲非馬。按原作非白馬，白字衍，茲删。下同。或謂子高曰：子高，孔穿之字。「此人小辨而毀大道，子盍往正諸？」子高曰：「大道之悖，天下之校往也。案校往，子彙本作交往，崇文本作校枉，兩皆有誤。此卽承上『往正』之義，猶言大道之悖，天下之校正之者自然趨往也。吾何病焉？」或曰：「雖然，子爲天下故，往也！」子高適趙，與龍會平原君家，謂之曰：「僕居魯，遂聞下風，而高先生之行也；願受業之日久矣。然所不取於先生者，獨不取先生以白馬爲非馬爾。誠去白馬非馬之學，案原作『誠去非白馬之學』，大誤。茲據上文改正。則穿請爲弟子。」公孫龍曰：「先生之言悖也。龍之學，正以白馬非馬著也；著字，原亦誤者，照前改正。今使龍去之，則龍無以教矣。令龍爲無以教，令字，原誤今。四部叢刊本無爲字。而乃學於龍，不亦悖乎！且夫學於龍者，以智與學不逮也。今教龍去白馬非馬，是先教也。先教而後師之，不可也。據四部叢刊本，補下先教二字。但彼二先字均譌作失。先生之所教龍者，似齊王之問尹文也。齊王曰：『寡人甚好士，而齊國無士？』尹文曰：『今有人於此，事君則忠，事親則孝，交友則信，處鄉則順，有此四行者可謂士乎？』王曰：『善！是眞吾所謂士者也。』尹文曰：『王得此人，肯以爲臣乎？』王曰：『所願不可得也。』尹文曰：『使此人於廣庭大衆之中，見侮而不敢鬭，王將以爲臣乎？』王曰：『夫士也見侮而不鬭，是辱；則寡人不以爲臣矣。』尹文曰：『雖見侮而不鬭，是未失所以爲士也；然而王不以爲臣。則鄉所謂士者乃非士乎？夫王之令：「殺人者死，傷人者刑。」民有畏王令，故見侮終不敢鬭，是全王之法也。而王不以爲臣，是罰之也。且王以不敢鬭爲辱，必以敢鬭爲榮。是王之所賞，吏之所罰也；上之所是，法之所非也。賞罰是非，相與四謬；原作曲謬，亦通。然韓子五蠹篇云：「故法之所非，君之所取；吏之所誅，上之所養也。法趣上下四相反也，而無所定，雖有十黃帝，不能治也。」文與此差近，作四相反。故茲仍照上段作四謬。雖十黃帝固所不能治也。』齊王無以應。且白馬非馬者，乃子先君仲尼之所取也。龍聞楚王張繁弱之弓，載忘歸之矢，以射蛟兕於雲夢之圃，反而喪其弓。左右請求之。王曰：『止也！楚人遺弓，楚人得之，又何求乎？』仲尼聞之曰：『楚王仁義而未遂。亦曰人得之而已矣，何必楚乎？』若是者，仲尼異楚人於所謂人也。夫是仲尼之異楚人於所謂人，而非龍之異白馬於所謂馬，據四部叢刊本補所字。此首段亦有所字。悖也。先生好儒術，而非仲尼之所取也；欲學，而使龍去所以教，雖百龍之智，固不能當前也。」子高莫之應，退而告人曰：「言非而博，巧而不理，此固吾所不答也。」

異日，平原君會衆賓而延子高。平原君曰：「先生，聖人之後也，不遠千里來顧臨之，欲去夫公孫子白馬之學。今是非未分，而先生飜然欲高逝可乎？」子高曰：「理之至精者則自明之，豈任穿之退哉？」平原君曰：「至精之說，可得聞乎？」答曰：「其說皆取之經傳，不敢以意。春秋記『六鷁退飛』：『覩之則六，察之則鷁。』案二語爲公羊傳之辭。覩之，原作視之。鷁猶馬也，六猶白也。覩之得見其白，察之則知其馬。色以名別，內由外顯。謂之『白馬』，名實當矣。若以絲麻，加之女工，爲緇素靑黃，色名雖殊，其質則一。是以詩有『素絲』，不曰絲素；禮有『緇布』，不曰布緇。『犧牛』『玄武』，此類甚衆。先舉其色，後名其質。萬物之所同，聖賢之所常也。『君子』之謂，貴當物理，不貴繁辭。若尹文之折齊王之所言，與其法錯故也。穿之所說於公孫子，高其智，悅其行也。去白馬之說，智行固存；是則穿未失其所師者也。稱此云云，沒其理矣。是楚王之言『楚人亡弓，楚人得之』，先君夫子探其本意，欲以示廣，其實狄之；故不如曰『亦曰人得之而已』也。案不如曰，原作曰不如，疑誤倒，茲乙。是則異楚王之所謂楚，非異楚王之所謂人也。以此爲喻，乃相擊切矣。凡言人者，總謂人也。亦猶言馬者，總謂馬也。楚自國也，白自色也。欲廣其人，宜在去楚；欲正名色，不宜去白。忱察此理，則公孫之辨破矣。」平原君曰：「先生之言，於理善矣！」因顧謂衆賓曰：「公孫子能答此乎？」燕客史由對曰：「辭則有焉，理則否矣。」

公孫龍又與子高汜論於平原君所，案汜字，子彙各本皆誤作記，惟四部叢刊本誤作汜。辨理至於「臧三耳」，公孫龍言臧之三耳甚辨析。子高弗應，俄而辭去。明日復見。平原君曰：「疇昔公孫之言信辨也！先生實以爲何如？」答曰：「然，幾能臧三耳矣。雖然，實難。僕願得又問於君：今爲同謂。臧三耳，甚難而實非也；謂臧兩耳，甚易而實是也。不知君將從易而是者乎？亦從難而非者乎？」平原君弗能應。明日謂公孫龍曰：「公無復與孔子高辨事也。其人理勝於辭；公辭勝於理。辭勝於理，終必受絀。」

右三段，前二段原祇作一段，今分。見孔叢子公孫龍篇。按孔叢子，前人多疑其僞；然間有抄存古說，殆猶後世輯佚之類，不可概視爲無用矣。

孔穿公孫龍相與論於平原君所，深而辯，至於「藏三牙」，牙與耳意義頗相似。公孫龍言藏之三牙甚辯。孔穿不應；少選，辭而出。明日，孔穿朝。平原君謂孔穿曰：「昔者公孫龍之言辯。」孔穿曰：「然，幾能令藏三牙矣。雖然，難。願得有問於君：謂藏三牙，甚難而實非也；謂藏兩牙，甚易而實是也。不知君將從易而是者乎？將從難而非者乎？」平原君不應。明日謂公孫龍曰：「公無與孔穿辯。」

右一段，見呂氏春秋淫辭篇。

右共七段，關於學術者。

秦攻趙，平原君使人請救於魏；信陵君發兵至邯鄲城下，秦兵罷。虞卿爲平原君請益地，謂趙王曰：「夫不鬬一卒，不頓一戟，而解二國患者，平原君之力也。用人之力而忘人之功，不可。」趙王曰：「善！將益之地。」公孫龍聞之，見平原君曰：「君無覆軍殺將之功，而封以東武城。趙國豪傑之士多在君之右，而君爲相國者，以親故也。夫君封以東武城，不讓無功；佩趙國相印，不辭無能。一解國患，欲求益地，是親戚受封而國人計功也。爲君計者，不如勿受便。」平原君曰：「謹受令！」乃不受封。

右一段，見戰國策趙策三。

虞卿欲以信陵君之存邯鄲爲平原君請封。公孫龍聞之，夜駕見平原君曰：「龍聞虞卿欲以信陵君之存邯鄲爲君請封，有之乎？」平原君曰：「然。」龍曰：「此甚不可。且王舉君而相趙者，非以君之智能爲趙國無有也；割東武城而封君者，非以君爲有功也，而以國人無勳，乃以君爲親戚故也。君受相印不辭無能，割地不言無功者，亦自以爲親戚故也。今信陵君存邯鄲而請封，是親戚受城而國人計功也。此甚不可。且虞卿操其兩權：事成，操右劵以責；事不成，以虛名德君。君必勿聽也。」平原君遂不聽虞卿。

右一段，見史記平原君列傳。

空雒之遇，空雒，原作空雄。高誘注：「空雄，地名。遇，會也。」畢沅云：「空雄，前聽言篇作空洛。此疑本是空雒，寫者誤耳。」按畢校是，茲據改正。秦趙相與約。約曰：「自今以來，秦之所欲爲，趙助之；趙之所欲爲，秦助之。」居無幾何，秦興兵攻魏，趙欲救之。秦王不說，使人讓趙王曰：「約曰：『秦之所欲爲，趙助之；趙之所欲爲，秦助之。』今秦欲攻魏，而趙因欲救之，此非約也。」趙王以告平原君，平原君以告公孫龍。公孫龍曰：「亦可以發使而讓秦王曰：『趙欲救之，今秦王獨不助趙，此非約也。』」

趙惠王謂公孫龍曰：「寡人事偃兵十餘年矣而不成，兵不可偃乎？」公孫龍對曰：「偃兵之意，兼愛天下之心也；兼愛天下，不可以虛名爲也，必有其實。今藺離石入秦，高注：「二縣叛趙自入於秦也，今屬西河。」而王縞素布總；高注：「喪國之服。」東攻齊得城，而王加膳置酒。秦得地而王布總，齊亡地而王加膳，所同斯。非兼愛之心也。此偃兵之所以不成也。今有人於此，無禮慢易而求敬，阿黨不公而求令，煩號數變而求靜，暴戾貪得而求定，雖黃帝猶若困。」

公孫龍說燕昭王以偃兵。昭王曰：「甚善！寡人願與客計之。」公孫龍曰：「竊意大王之弗爲也。」

王曰：「何故？」公孫龍曰：「日者大王欲破齊，諸天下之士其欲破齊者，大王盡養之；知齊之險阻要塞君臣之際者，大王盡養之。雖知而弗欲破者，大王猶若弗養。其卒果破齊以爲功。今大王曰『我甚取偃兵』；諸侯之士在大王之本朝者，盡善用兵者也。臣是以知大王之弗爲也。」王無以應。

右三段，見呂氏春秋審應覽。

昔者公孫龍在趙之時，謂弟子曰：「人而無能者，龍不能與遊。」有客衣褐帶索而見曰：「臣能呼。」公孫龍顧謂弟子曰：「門下故有能呼者乎？」對曰：「無有。」公孫龍曰：「與之弟子之籍。」後數日，往說燕王，至於河上，而航在一汜，使善呼者呼之，一呼而航來。故曰：「聖人之處世，不逆有伎能之士。」

右一段，見淮南子道應篇。

公孫龍有言曰：「論之爲道辯，故不可以不屬意。屬意相寬，相寬其歸爭。爭而不讓，則入於鄙。」

右一段，見鹽鐵論箴石第三十一丞相史所引。

右共七段，關於言行者。

梁君出獵，見白鴈羣下，彀弩欲射之。道有行者，梁君謂行者止。行者不止，白鴈羣駭。梁君怒，欲射行者；其御公孫龍止之。梁君怒曰：「龍不與其君而顧他人？」對曰：「昔宋景公時大旱，卜之，必以人祠乃雨。景公下堂頓首曰：『吾所以求雨，爲民也；今必使吾以人祠乃雨，將自當之。』言未卒而大雨。何也？爲有德於天而惠於民也。君以白鴈故，以同而。欲射殺人，主君譬人無異於豺狼也。」梁君乃與龍上車歸，呼萬歲；曰：「樂哉！人獵皆得禽獸，吾獵得善言而歸。」

右一段，見藝文類聚卷六十六及卷一百。又太平御覽四百五十七及八百三十二引此文，有增減。金樓子雜記，梁君作周君。劉向新序雜事第二篇作公孫襲。

案梁君之御，不知是否卽趙之公孫龍；沈濤謂「此又一公孫龍」，見銅熨斗齋四。當是。考類聚百卷，其「昔宋景公時大旱」句，作「昔先公時大旱三年」，疑此公孫龍卽宋人，故稱宋景公爲先公。然則以公孫龍爲名氏者，衞趙二子外，此又爲第三人矣。

公孫龍子形名發微

論釋第三

指物論第一（道藏本原第三）

物莫非指，而指非指。

物，卽後名實論「天地與其所產焉物也」之物。指字，自來未有定詁。俞樾云：「指，謂指目之也。見牛而指目之曰牛，見馬而指目之曰馬，此所謂物莫非指也。」按俞說未盡。蓋指義有二，卽「名」「謂」之別。其指目牛馬之指，謂也；因而所指目牛馬之形色性亦曰指，名也。後堅白論「視之得白，拊之得堅」，章炳麟謂「堅與白，其德也」。國故論衡下辨性下。然則形色性三者可稱爲德，亦卽此所謂指耳。可參閱墨經下經第三十八條。

物莫非指者，言吾人五官所感覺之物，皆屬形色性等之物德。直而言之，世人所謂物之實體，全然無有；所謂物者不過指之表見，故曰物莫非指。是以物之與指，雖立二名，而吾人所感覺之指，其所呈者又皆吾人之所謂物。則物卽指，指亦卽物也。指既爲物，物名得專，則物非指。物既非指，則指亦非指，故曰「而指非指」。

右第一節　總綱。

天下無指，物無可以謂物。

此承上節首句言，謂天下若無形色性之指，則物於何有；物既無有，吾人雖欲謂之，不可得矣。

非指者，天下無物，可謂指乎？

校「無物」，原作「而物」。俞樾云：「天下而物，當作天下無物，字之誤也。」茲據改。

此承上節次句言，又與本節上句對文。上句設言天下無指，此則設言天下無物；猶云天下無物，非指者可謂指乎？非指者可謂指乎，猶云非指無可以謂指也。蓋非指者，以有物故而指爲非指。若天下無物，則天下無指。天下無指，卽無「非指」，更何待謂？故天下無物，指固不可以謂指，而非指尤無可以謂指矣。

右第二節　分承第一節物指而爲假設之辭。

指也者，天下之所無也；物也者，天下之所有也。以天下之所有爲天下之所無，未可。

指由感覺而有，世人所謂虛也，故曰「天下之所無」。物由檢驗而得，世人所謂實也，故曰「天下之所有」。有不可以爲無，實不可以爲虛，故曰「未可」。

按名家認物爲實有，此特假借其言以資駁詰耳。

右第三節　借或人之言，謂指物相異以爲反證。

天下無指，而物不可謂指也。

此承第三節，言依世人之見，則天下有物無指也。然天下果無指者，卽有其物，亦不可以謂其指矣。

不可謂指者，非指也。非指者，物莫非指也。

此緊接上句。不可謂指者，以其物無指可謂而爲非指也。然其物非指，則非指亦卽爲物之指，故曰「非指者，物莫非指也」。非指者物莫非指，乃倒其句法以申第一節之義。

天下無指而物不可謂指者，非有非指也。

由上言之，天下無指而物不可謂指者，卒至物莫非指，則所云非指者非有矣。

非有非指者，物莫非指也。

此句雙結上二小段。

物莫非指者，而指非指也。

此句重申第一節之義而確定之。

右第四節　承第三節，歸入正文。

天下無指者，生於物之各有名，不爲指也。

指者，物之德也；名者，形之檢也。尹文子有「名以檢形」之語。物各有指，亦各有名。然世人皆習物之名，而忘物之指，因謂天下無指。故天下無指之說，生於物之各有名，蓋「名」專而「指」不爲指矣。

不爲指而謂之指，是兼不爲指。

之指，猶云其指。物既有名，已不爲指，應不謂其指矣。今若謂其指，將不謂其名，則名不爲指。名不爲指，而指亦不爲指，是兼不爲指也。

以「有不爲指」之「無不爲指」，未可。

此緊接上說，又遠承前第三節「指無、物有」之說而申言之。「有不爲指」，即物不爲指；而名以代物，則此當卽名不爲指之義。「無不爲指」，亦卽指不爲指之義。舊注：「之，適也。」蓋指在名生，名用指去；若以名不爲指，由之以適於指不爲指，則未可也。

右第五節　引名以況指。

且指者天下之所兼。

此承第五節言。彼云兼不爲指，此云指爲所兼，文正相反。故句首用一且字，義猶抑也。蓋天下之物既各有名，復有其指，則指者終爲物所兼有矣。

天下無指者，物不可謂無指也。

此承上句，亦與前第四節首句相對而更進言之。天下無指者，乃世人專就物言，以爲有物而無指耳。然實而按之，無指之云，見於有指；有指而後有物。若曰無指，物於何有？物既無有，指復何謂？今既有物而曰無指，則無指亦不可以謂之矣。故曰「天下無指者，物不可謂無指也」。

不可謂無指者，非有非指也。

此緊接上句。據前第四節，此「非有非指也」上，當有省文。蓋既不可以謂無指，則仍屬有指；然則所云非指者亦非有矣。

非有非指者，物莫非指。

此句重申第四節語意，言既非有非指，則物皆有指，故曰「物莫非指」。

右第六節　遙承第四節以明物莫非指之義。

指，非非指也。

由上觀之，所謂指者指也，非爲非指也。

指與物，非指也。

此「與」卽左傳襄公二十五年「一與一」之與，義猶敵也，對也。蓋以指與物對待言之，則指始爲非指矣。

右第七節　承上以明非指之義。

使天下無物指，誰徑謂非指？

此承第七節，言使天下無物指以相對待，指尙無有，誰徑謂非指邪？

天下無物，誰徑謂指？

若天下無物，卽天下無指。天下無指，則指名不立，誰徑謂指邪？

天下有指無物指，誰徑謂非指？

若天下有指，而無物指之別，則天下之物皆指；是指名專而物名廢矣，誰復徑謂非指邪？

徑謂無物非指。

此承上文急轉，歸入正文。蓋物名廢而指名專，則可徑謂無物非指。無物非指，卽物莫非指也。

且夫指固自爲非指，奚待於物而乃與爲指？

非指之云，由指而見，則其指固自爲非指。指既自爲非指，二者已相對待，又何待於物而乃與爲指？

右第八節 反覆疏明第一節之理。

白馬論第二(道藏本原第二)

「白馬非馬，可乎？」曰：「可。」曰：「何哉？」曰：「馬者所以命形也；白者所以命色也。命色形非命形也。故曰白馬非馬。」

校命色形非命形也，原作「命色者非命形也」。命色者非命形，猶云命白者非命馬，固不待說而知，即說而亦非其恉，不足以引起下文。疑「者」字譌，茲特改爲「形」字。

此篇爲問答體，問者皆作疑辭，名實論所謂「以其所不正，疑其所正」也。答者逐層解釋，反覆申喩，又所謂「以其所正，正其所不正」也。

白馬非馬，爲形名家所持最大論題之一，其義本至易憭，篇首卽已明言；後此云云，徒波瀾耳。

右第一節 總明大意。

曰：「有白馬，不可謂無馬也。不可謂無馬者，非馬也？有白馬爲有馬；白之非馬，何也？」曰：「求『馬』，『黃』『黑』馬皆可致；求『白馬』，『黃』『黑』馬不可致。使白馬乃馬也，是所求一也。所求一者，白者不異馬也。所求不異，如『黃』『黑』馬有『可』有『不可』何也？可與不可，其相非，明。故『黃』『黑』馬一也，而同乃。可以應有馬，而不可以應有白馬；是白馬之非馬，審矣。」

俞樾云：「非馬也，當讀非馬邪；古也邪通用。此難者之辭，言有白馬不可謂無馬；既不可謂無馬，豈非馬邪？」按舊注：「既有白馬，不可謂之無馬；則白馬豈非馬乎？」已以乎字釋也字，乎邪皆問詞也。蓋此不可謂無馬者，猶云可謂有馬也。既言有馬，何云非馬邪？下句有白馬爲有馬，卽承此問語而言。且白爲馬之色，無白固有馬，白之亦猶是馬。今白之謂爲非馬，何邪？言不可也。

論主答曰：馬與白馬有分，抑驗之於「求」而可知也。蓋祇云求馬，其白馬與黃馬黑馬皆可應供而致；苟求白馬，則惟白馬可致，而黃馬黑馬不可致矣。一者同也。使以白馬爲馬，則所求者必同。所求者同，固不獨白馬與馬無異，卽白亦無異於馬矣。然所求無異，其於黃馬黑馬有可致不可致何？可與不可，其彼此之相背亦明矣。故黃馬黑馬同屬馬也，乃於求馬者可以應之，而於求白馬者不可以應之。然則馬與白馬有別，是白馬之非馬審矣。

右第二節　假設問答，以「求馬」明之。

曰：「以馬之有色爲非馬；天下非有無色之馬也，天下無馬，可乎？」曰：「馬固有色，故有白馬。使馬無色，有馬如已耳，安取白馬？故『白』者非『馬』也。『白馬』者，『馬與白』也，『白與馬』也。故曰白馬非馬也。」

校白馬者，馬與白也，白與馬也，原作「白馬者，馬與白也，馬與白馬也」。俞樾云：「按此兩句中各包一句：其曰馬與白也，則亦可曰白與馬也；其曰馬與白馬也，則亦可曰白馬與馬也。總之，離白與馬言之也。」按俞說誤。此馬與白馬也句，當作白與馬也。疑因白字誤移馬字上，合作白馬，後又增一馬字於句首耳。下文「馬未與白爲馬，白未與馬爲白」，卽承此二句申言之，可證。茲删馬字，乙轉白字。

難者又誤以馬之有色者爲非馬，似卽謂馬有色爲非馬，無色乃爲馬耳。然天下未有無色之馬也。無色之馬，卽同無馬。若曰無馬，必無此理。天下無馬可乎，言不可也。

有馬如已耳，舊注：「如，而也。」按如而二字，古通用。

「馬固有色」至「安取白馬」共五句，文義自明。

故白者非馬也，舊注：「故白者自是白，非馬者也。」按此解甚是，惟連上文讀作收句則非；蓋此句爲起下之辭，當連下讀。白者非馬，猶云白異於馬，正與上節「白者不異馬也」句相應。蓋白異於馬，故白馬者卽白色與馬形合也。白色、馬形，感覺相等，初無軒輊。故白馬云者，謂白與馬也可；

即謂馬與白也亦可。故曰白馬非馬也。

孔穿謂「詩有素絲，不曰絲素；禮有緇布，不曰布緇」。此見跡府。若自形名家觀之，絲素、布緇，殆無不可。蓋白馬、馬白，形色、色形，固可等量視之矣。

右第三節　復明「白馬」二字平等之義。

曰：「馬未與白爲馬；白未與馬爲白。合白與馬，『復名』『白馬』。是『相與』以『不相與』爲名，未可。故曰白馬非馬，未可。」曰：「以有白馬爲有馬；謂有馬爲有黃馬，可乎？」曰：「未可。」曰：「以有馬爲異有黃馬，是異黃馬於馬也。異黃馬於馬，是以黃馬爲非馬。以黃馬爲非馬，而以白馬爲有馬；此飛者入池，而棺槨異處：——此天下之悖言亂辭也。」

校 合白與馬，各本多作「合馬與白」；茲據繹史本。以有白馬爲有馬，各本多作「以有白馬爲非馬」；茲據繹史道藏二本。且舊注云：「主責賓曰：定以白馬爲有馬者，則白馬可得爲黃馬乎？」知本作「爲有馬」，傳寫偶誤耳。謂有馬爲有黃馬，原作「謂有白馬爲有黃馬」。按白字當衍。此二句係論主就賓義而反詰之之辭：謂既以白馬爲有馬，則謂有馬爲有黃馬亦可乎？今作有白馬，則非其恉矣。下文「以有馬爲異有黃馬」，卽承此句而言，可證。茲徑删白字。

「馬未與白爲馬」至「故曰白馬非馬未可」共六句，舊注：「此賓述主義而難之也。」兪樾云：「按此又難者之辭：馬未與白爲馬，則爲黃馬爲黑馬皆可也；白未與馬爲白，則爲白牛爲白犬皆可也。此就不相與言之也。合白與馬，則就相與言之也。既相與矣，而仍謂白馬非馬，則是相與而以不相與爲名，此未可也。未可，猶言不可也。又按馬初不與白爲馬，白初不與馬爲白，合馬與白，始有白馬之名，何得言復名白馬？復名，謂兼名也。荀子正名篇：『單足以喻則單，單不足以喻則兼。』楊倞注曰：『單，物之單名也。兼，復名也。』復名白馬，正所謂『單不足以喻則兼』也。合馬與白，則單言之曰馬，不足以盡之。故兼名之曰白馬，是謂『復名』白馬，猶今言雙名矣。」按二說皆是。惟俞謂「爲黃馬爲黑馬皆可」及「爲白牛爲白犬皆可」二句，如此設辭，其義反曲。此蓋謂馬未與白合則徒爲馬，白未與馬合則徒爲白，卽不相與；合白與馬，白馬已成復名，卽爲相與。既相與矣，當不謂之非馬。如曰非馬，則是相與而以不相與爲名，故未可也。

以有白馬爲有馬，非也；以有黃馬爲有馬，亦非也。倒裝言之：以有馬爲有白馬，非也；以有馬爲有黃馬，亦非也。故論主欲抵賓隙，遂暫不作答，而誘之入彀也。辯者之言，誠察也哉！「曰未可」，舊注：「賓曰未可也。」

「以有馬爲異有黃馬」以下共九句，亦論主就上意以詰賓之辭，就勢直下，層層反駁，其文易明。飛者入池，棺槨異處，猶言必無之事。蓋飛者上翔，不得入池；棺槨相函，不得異處。如謂有之，是悖言亂辭耳。

右第四節　此用反詰以申其指。

曰：「有白馬不可謂無馬者，『離白』之謂也。『不離』者，有白馬不可謂有馬也。故所以爲同謂。有馬者，以『獨馬』爲有馬耳；非有白馬爲有馬。故其爲同謂。有馬也，不可以謂『馬馬』也。」

校以獨馬爲有馬耳，原作「獨以馬爲有馬耳」，似「獨以」二字傳寫誤倒。蓋「獨馬」爲名，與下「馬馬」相對爲文；且「獨以馬爲」與「以獨馬爲」文義大異，不可混淆。茲特乙正。

本節舊注作「賓曰」。兪樾云：「此卽承上不可謂無馬而言，亦難者之辭。」按皆非是。此有白馬不可謂無馬句，雖爲第二節賓問之辭；然實論主遠追賓語，重申本意。試觀下「不離者」以後各句便知。「不離者」，或作「是離者」，指意全反。舊注與兪皆目本節爲賓言，或卽因此致誤歟？離白之離，卽墨經「偏去」之義。可參閱墨經上經第四十五條及下經第四第七兩條。蓋有白馬不可謂無馬者，猶云有白馬爲有馬。有白馬爲有馬，則白偏去。白偏去，卽白離矣。名家認「離白」，故曰「有白馬不可謂無馬」。形名家以爲「不離」，謂之「守白」，故曰「有白馬不可謂有馬也」。此因有馬之稱，乃以獨馬而然，非以白馬而然。蓋白馬不可以謂有馬，倒裝言之，卽有馬不可以謂白馬。有馬不可以謂白馬，猶之有馬不可以謂馬馬也。蓋白馬爲色形二指，馬馬爲形形二指；感覺皆二，正與相埒。若獨馬者僅一形之指，爲二之一，豈能等乎？故馬馬既非馬，則白馬亦非馬矣。

不曰諸馬、衆馬而曰馬馬者，以馬馬爲二形之表現，取與獨馬一形相況；否則不能盡顯耳。

上節言有馬不可以謂黃馬，本節言有馬不可以謂馬馬，均反證白馬非馬之說；涉思措句，蔑以加矣。

右第五節　再作反證以顯其意。

曰：「白者不定所白，忘之而可也。白馬者言白，定所白也。定所白者非白也。馬者無去取於色，故『黃』『黑』馬皆所以應。白馬者有去取於色，『黃』『黑』馬皆以所色去，故唯白馬獨可以應耳。無去者非有去也。故曰白馬非馬。」

校 故黃黑馬皆所以應，原作「故黃黑皆所以應」；今據下文「黃黑馬皆以所色去」句補一馬字。又皆以所色去，原作「皆所以色去」；茲乙轉所以二字，方與文義相合。

此節亦論主引申第二節之義而益明之之辭。

上文言「皆所以應」，下文言「獨可以應」，所猶可也，見王引之經傳釋詞；古人自有此互文耳。

白者不定所白，言白爲萬物所同有，不定屬於馬，故曰「忘之而可也」。忘之而可，猶云可置諸不論也。若白馬之白，與馬並稱，是定所白也。既定所白，若以白馬爲有馬，則所謂白者非白耳。單言馬，無去取於色，故黃馬黑馬皆可以應而致。若兼言白馬，於色有所去取；則黃馬黑馬皆以所色去之矣。黃馬黑馬既皆以所色去，故唯白馬獨可以應耳。舊注：「直云馬者，是於衆色無所去取也。無取，故馬無不應；無去，故色無不在。」又云：「去黃取白，則衆馬各守其色，自殊而去，故唯白馬獨應矣。」按舊說是。無去者非有去也，傅山云：「無去二句，文義須連上文無去取於色兩句看之，於去字下添一取字。無去取者，非有去取者也。無去取，是渾指馬言；有去取，是偏指白馬言。」俞樾云：「按言馬，則無去者也。以白馬應，可也；以黃黑馬應，可也：無所去也。言白馬，則有去者也。取白馬，則不得不去黃黑馬矣。一則無去，一則有去，明明分而爲二，豈可合而爲一？故曰白馬非馬。」按傅俞二說皆是。無去，卽無去取，指馬言。有去，卽有去取，指白馬言。則無去非有去者，猶云馬非白馬耳。馬非白馬，卽爲白馬非馬之反證。

右第六節　遙承第二節，更以「去取於色」明之。

通變論第三（道藏本原第四）

曰：「二有一乎？」曰：「二無一。」

本論亦問答體，首揭「二無一」三字爲全篇脈絡，立意在證明上篇「白馬非馬」之一辭，以冀於形名之學而益堅其壁壘者也。蓋所謂通變者，假分形色爲二：卽一事以形證；一事以色證也。以形證者，如云「羊合牛非馬，牛合羊非雞」；以色證者，如云「青以白非黃，白以青非碧」是已。全篇文體，備極深玄，猝然讀之，如墮煙霧。苟明乎此，層層若抽繭剝蕉，自覺謋然而解。

舊注：「如白與馬爲二物，不可令（原誤作合。）一以爲二。」按此說極中肎綮。蓋二物，猶二事；言白色與馬形原爲二事，不得謂爲一事。故白馬論以「有白馬爲非有馬」，卽此二無一之義。

曰：「二有右乎？」曰：「二無右。」曰：「二有左乎？」曰：「二無左。」

史記廉藺列傳正義曰：「秦漢以前，用右爲上。」按古人尊右，此有右有左，猶云有所軒輊也。蓋名家所謂「白馬爲馬」者，乃以馬爲實體，白爲品德，德麗於實，偏去莫少，是右視馬形而左視白色矣。形名家不然，對於白色馬形，感覺平等，全無輕重。故白馬非馬，卽二無右；白馬非白，卽二無左。舊注：「左右合二（原誤作一。）位也。不可合二以爲右，亦不可合二以爲左，明二必無爲一之道也。」

曰：「右可謂二乎？」曰：「不可。」曰：「左可謂二乎？」曰：「不可。」

此承上文反言之。上既謂二無右，乃白馬非馬也；然則謂馬爲白馬可乎？既謂二無左，乃白馬非白也；然則謂白爲白馬可乎？答曰不可者，言獨馬獨白皆不可謂之白馬也。舊注：「不可分右以爲二，亦不可分左以爲二，明一無爲二之道也。」

曰：「左與右可謂二乎？」曰：「可。」

舊注：「左右異位，故可謂二。」按左與右，猶言白與馬，故可謂二也。

右第一節　論其「通」，卽「二無一」之定理。

曰：「謂變而不變可乎？」曰：「可。」

校 而不變，舊作「非不變」。俞樾云：「按既謂之變，則非不變可知，此又何足問邪？疑不字衍文也。本作謂變非變可乎？曰：可。」按俞疑此有誤，是也；謂不字衍文，非也。疑非字本係而字，形似致誤也。舊注：「一不可謂二，二亦不可謂一，必矣。物有遷變之道，則不可謂之不變也。」觀此，知舊本正作變不變耳。且下文「右苟變」「苟不變」，皆卽承此而言，知此必係變與不變對文也。茲特改正。

此承上節言其變。蓋本篇既以通變命題，自當言變；然變之道實有不變者在，乃得以言通耳。故答曰可也。

曰：「右有與，可謂變乎？」曰：「可。」

說文：「與，黨與也。」按馬爲四足之獸，與牛可同黨類；然則此右有與者，猶云馬與牛也。夫「馬與牛爲非馬」及「白與馬爲非馬」之結果雖同，而「馬與牛」及「白與馬」之辭性實異，應謂爲變。故答曰可也。

曰：「變奊？」曰：「右。」

校變奊，原作「變隻」。俞樾云：「按變隻無義，隻疑奚字之誤。變奚者，問辭也，猶言當變何物也。」按俞疑隻爲奚誤，甚是；惟謂本作奚字，似尚未諦。蓋隻疑奊之誤，奊卽奚之或體字耳。說文：「謑，从言，奚聲。或从奊作謨。」而謑詬、漢書賈誼傳作奊詬；知奚奊本或同字，否則亦作假用也。奊、隻形近致誤，茲改正。

白與馬非馬，卽左與右非右也；馬與牛非馬，卽右與右非右也。由是以觀，則其所變者乃右耳。

曰：「右苟變，安可謂右？苟不變，安可謂變？「二苟無左又無右，二者左與右奈何？」

校安可謂變句下，原有曰字。下文羊合牛非馬二句，核乃論主答此之言，句上當有曰字，疑係錯簡。茲移正。

既曰所變者右，則應無左。左名既無，則右名亦必不立，安可仍謂之右？若右不變，則左名固在，復何謂之爲變邪？此「二」卽前「二無一」之二。所以標此「二」字者，殆專指白馬言。則二苟無左又無右者，猶云苟無白又無馬之二也。蓋左已變爲右，是曰無左，卽無白矣。設右亦變，是曰無右，卽無馬矣。無白無馬，然則所謂左與右之二者其奈之何？本段特設此論，生起下文。蓋既曰無左，便可言羊合牛非馬；既曰無右，又可言青以白非黃矣。

曰：「羊合牛非馬。牛合羊非雞。」

校此曰字，原錯在上文「安可謂變」句下，茲移此。

論主答曰：無白無馬，固可言也。設曰「羊合牛非馬」，則二既已無左又無右矣。卽羊合牛中無白又無馬。設又曰「牛合羊非雞」，則左右全無，其通變之理益見。

右第二節　論其「變」，所謂專以「形」證者。

曰：「何哉？」曰：「羊與牛唯異，羊有齒，牛無齒；

唯者特也，獨也。羊有齒、牛無齒者，羊有上下齒，牛有下齒、無上齒也。呂氏春秋博志篇：「凡有角者無上齒」，淮南地形篇亦有此語。係專指牛言。蓋牛以角顯，韓愈所謂「角者吾知其爲牛」，卽是。古今樂錄載梁三朝樂之俳辭中有「馬無懸蹄，牛無上齒」之語，可證。此牛無齒，乃指無上齒言；以其無全齒，故曰無齒耳。

而牛之非羊也，羊之非牛也，未可。是不俱有，而或類焉。

校按首句，各本多作「而羊之非羊也，牛之非牛也」，與舊注所據本相同；道藏本作「而羊牛之非羊也之非牛也」,更誤。茲據崇文百子本。

此非字猶言異,卽不同類之意。蓋羊牛既不俱有齒,似可謂不同類矣;然而未可。茲統言之,羊牛皆爲四足獸,雖不俱有齒,或可目爲同類也。

羊有角,牛有角;牛之而羊也,羊之而牛也,未可。是俱有,而類之不同也。

舊注:「之而,猶之爲也。以羊牛俱有角,因謂牛爲羊,又謂羊爲牛者,未可。」按此而字當假爲「若」,若有類似之義。蓋羊牛雖俱有角,然細分之,未可卽謂羊牛爲同類;以羊牛形性迥殊,實異類也。故曰「是俱有,而類之不同也」。

按上二段言不俱有爲同類,而俱有爲不同類,以便生起下文。

羊牛有角,馬無角;馬有尾,羊牛無尾。故曰羊合牛非馬也。

羊牛無尾,謂無鬈毛長尾,與前「牛無齒」辭例正同。

墨經下第六十六條云:「牛與馬惟異,以『牛有齒』『馬有尾』說『牛之非馬也』不可。是俱有;不偏有、偏無有。曰『牛與馬不類』,用『牛有角』『馬無角』,是類不同也。」按據墨經之說,知此上三段皆形名家所駁名家之文,可分爲二事。(一)名家謂俱有,不可說牛之非馬,此非字亦訓異。而形名家謂不俱有而或類焉;又名家謂不俱有爲類不同,而形名家謂俱有爲類不同。(二)名家謂俱有,不偏有、偏無有，不可說牛之非馬，若反言之，不俱有而偏有、偏無有，宜可以說牛之非馬矣；今形名家以羊牛與馬既不俱有，而又偏有、偏無有，故可以說羊合牛非馬也。然則白馬非馬之論，名家奈何難之？

非馬者，無馬也。無馬者，羊不二，牛不二，而羊牛二。是而羊、而牛，非馬，可也。

舊注：「馬與牛羊若此之懸，故非馬也。豈唯非馬乎？又羊牛之中無馬矣。羊，一也，不可以爲二矣；牛，一也，不可以爲二矣；則一羊一牛並之而二，可，是羊牛不得謂之馬。若以羊牛爲馬，則二可以爲三，故無馬而後可也。」按舊說是。此因羊牛之中無馬，故非馬亦可謂之無馬。無馬者，羊不與馬爲二，牛不與馬爲二，而「羊若牛」或「牛若羊」爲二，故而羊而牛非馬可也。而羊而牛，即前「牛之而羊，羊之而牛」之省文，亦即「牛若羊」或「羊若牛」之義耳。

若舉而以是，猶類之不同，若左右。

墨經上第三十一條：「舉，擬實也。」此而，當讀爲能。是者指事代詞（Demonstrative Pronoun）、斥上「羊合牛非馬」句言。猶，當假爲由，二字古以同韻通用。若左右，取譬之詞。此承上文謂能以「羊合牛非馬」擬實者，由於羊牛與馬不同類。反之若爲同類，則不能以是舉之矣。蓋舉羊合牛非馬，實足以況白與馬非馬之說；而白與馬前既以左右爲況，則羊與牛亦如左右之可以爲例矣。

故曰「若左右」。

右第三節　以上論「羊合牛非馬」。

猶是舉：牛羊有毛；雞有羽。

猶是，卽由是。此言上文旣舉羊牛與馬，由是又舉牛羊與雞。所謂牛羊有毛、雞有羽者，卽不俱有毛與羽而類之不同也。

謂雞足一，數足二；二而一，故三。謂牛羊足一，數足四；四而一，故五。牛羊足五，雞足三，故曰牛合羊非雞。

舊注：「上云羊合牛，今曰牛合羊者，變文。」又云：「人之言曰：『羊有足；牛有足；雞有足。』而同如。不數其足，則似各一足而已。然而歷數其足，則牛羊各四，而雞二；並前所謂一足，則牛羊各五足，而雞三足原缺『雞三足』字，今補。矣。夫如是，則牛羊與雞異矣。故曰非雞也。」按舊說是。謂者，概言之也；數者，指言之也。而，猶與也。蓋足爲雞與牛羊所俱有，然於牛與羊，則謂之數之皆同也；其於雞與牛羊，則謂之雖同，而數之乃異。然則牛羊爲類，而雞爲非類矣。故曰牛合羊非雞。按牛羊與雞難求同點，如同爲生物，過於廣泛，故避不用。此以「謂足一」爲同點，雖似詭辭，亦足見其立說之苦耳。

按此與上節相對，文較簡略；而徒以「足」爲言者，原欲辨明牛羊與馬概爲四足而毛，謂之數之皆同，仍得以爲同類。若雞足非其比，獨爲異類，故下文云云。

右第四節　以上論「牛合羊非雞」。

非有以非雞也。與馬以雞，寧馬。

舊注：「非牛羊異（原誤作者。）雞以爲非雞，而牛羊之中無雞，故非雞也。」又云：「馬以譬正，雞以喻亂。故等馬與雞，寧取於馬。」按：以者，用也。馬爲牛羊之同類，雞爲牛羊與馬之異類；與其以異類用雞，毋寧以同類取馬。然其所以用「非雞」者，非有用於非雞也；蓋用非雞之不當，以況非馬之當。故特舉不當之非雞，以反證其當之非馬，故曰「寧馬」也。

材，不材，其無以類，審矣。舉是亂名，是謂狂舉。」

校　末二句，各本多作「舉是謂亂名，是狂舉」，謂字錯誤在上也。子彙本、守山閣本、繹史本、傅本皆不誤，茲據乙正。

上文既言與雞寧馬，則馬爲材，雞爲不材也。夫馬與雞本不爲類，況材與不材者邪？其無以類明矣。然既謂之無以類，應不復舉，竟乃舉之，名必不正。蓋名不正者謂之亂名，則舉之不當者亦謂之狂舉。茲特表出者，俾益曉然於白馬非馬之爲正舉矣。

墨經下第六十六條云：「若舉『牛有角』『馬無角』，以是爲『類之不同也』，是狂舉也，猶『牛有齒』，

『馬有尾』。」彼云類之不同，卽此云其無以類；然其所謂狂擧者則大異耳。

右第五節　總結上之三四兩節。

曰：「他辯？」曰：「青以白非黃。白以青非碧。」

他辯者，或人問辭也。以，猶與也。青與白非黃，白與青非碧，專就色言，與前「羊合牛非馬，牛合羊非雞」專就形言者相對爲文。蓋謂羊合牛非馬，牛合羊非雞，既已辯矣；而其他之辯復何如？故答曰「青與白非黃，白與青非碧」也。

右第六節　復論其「變」，所謂專以「色」證者。

曰：「何哉？」曰：「青白不相與而相與，反而對也；不相鄰而相鄰，不害其方也。

校反而對也句，原缺而字，玆據下文「反而對」句增。舊本似亦有而字，觀注便知。惟舊讀不相與句，不相鄰句，似非原義。

青白不相與者，青自青，白自白，唯異而相反也。相與者，青與白或類而相對也。舊注：「青者木之色，其方在東；白者金之色，其方在西。東自極於東，西自極於西，故曰不相鄰也。」按東之西爲白，而西之東爲青，故曰相鄰也。不害其方者，猶云雖青與白合，而東西二方色依然如故，不相害也。

按戰國晚年，五行家言極盛，龍蓋援用青白爲方色耳。

不害其方者反而對，各當其所；若左右不驪。

青在東而白在西，雖青白之相反而相對，亦卽東西之相反而相對也。故曰「不害其方者反而對」也。東西青白，各有定所，各當厥居，故不相害。舊注：「驪，色之雜者也。」按引申之，驪爲凡雜之稱。蓋前云白馬非馬，所謂色形非形也，推之亦可謂形形非形，故曰羊合牛非馬也。又云白馬非白，所謂色形非色也，推之亦可謂色色非色，故曰青以白非黃也。然白馬曾以左右比，乃其常也。今曰「羊合牛非馬」，則右與右非右矣；又曰「青以白非黃」，則左與左非左矣：此其變也。常則左右並言，故前舉羊牛曰「若左右」。變則一全以右，一全以左，不相雜廁，故曰「若左右不驪」也。

故一於青不可，一於白不可，惡乎其有黃矣哉？

左與左既非左矣，然則青與白二也，而非青之一，故一於青不可；白與青二也，而非白之一，故一於白不可。青白而非青非白，更何有乎黃邪？故曰「惡乎其有黃矣哉」，言無有也。

黃其正矣，是正舉也；

當時五行家謂中央土，其色黃，爲五色之中，故爲正色。蓋前言白與馬非馬，變爲羊合牛非馬，則白與馬變，而非馬不變也。此言青以白非黃，其辭恰相當於羊合牛非馬。因馬爲正舉，故黃亦爲正舉矣。正舉與前狂舉，義適相反。

其有君臣之於國焉，故强壽矣。

有，當讀爲又。舊注：「白以喻君，青以喻臣，黃以喻國。」據此，則青以白非黃，又可比之「君與臣非國」。壽，當讀爲儔。荀子勸學篇楊注：「疇，與儔同，類也。」按此係以黃或國而比於馬，雖略相似，仍非自然極詣，殆皆强爲比類也。

右第七節　以上論「青以白非黃」。

而且青驪乎白，而白不勝也。白足之勝矣而不勝，是木賊金也。木賊金者碧，碧則非正舉矣。

而且者，更端之詞也。白足之勝矣，孫詒讓云：「之，當作以。」按二字古可通用。此言白以青非碧，猶前云牛合羊非雞，皆非正舉。據五行家言：青白爲正色；碧則間色，非色之正，與青白不同其類。故曰白以青非碧也。青驪乎白者，猶云白雜以青，故白不勝青。白足以勝青而不勝，則金勝木者反而木賊金矣。蓋當時五行相勝之說，謂金勝木者其常，而木勝金（即墨經下所謂「金靡炭」。）者其變；此白雜乎青，變而爲碧，亦猶是也。故曰「非正舉」也。

舊注：「白，君道也；青，臣道也。青驪於白，謂權臣擅命，雜君道也。君道雜，則君不勝矣，故曰而白不勝也。君之制臣，猶金之勝木，其來久矣。而白不勝，爲青所驪，是木賊金而臣掩君之謂也。青染於白，其色碧也；臣而掩君，其道亂也。君道之所以亂，由君不正舉也。」按漢書楚元王傳：「朔日辛卯，日有蝕之。」師古曰：「周之十月，夏之八月。朔日有辛卯，日月交會而日見蝕，陰侵於陽。辛，金日也；卯，木辰也。以卯侵金，則臣侵君，故甚惡之。」舊注義與此同，所謂「欲推是辯以正名實而化天下」也。

右第八節 以上論「白以青非碧」。

青白不相與，而相與不相勝，則兩明也。爭而明，其色碧也。

舊注：「夫青白，不相與之物也；今相與雜而不相勝也。不相勝者，謂青染於白而白不全滅，是青不勝白之謂也；潔白之質而爲青所染，是白不勝青之謂也。謂之青而白猶不滅，謂之白而爲青所染，兩色並章，故曰兩明也。兩明二字今補。者，青今補。白爭而明也。青白爭二字原倒，今乙。明，俗謂其色碧也。」

與其碧，寧黃。

舊注：「等黃於碧，寧取於黃。」按：黃，正色；碧，間色。此重正舉，故寧取黃也。

黃，其馬也，其與類乎！碧，其雞也，其與暴乎！

舊注：「黃，中正之色也；馬，國用之材也。夫中正之德，國用之材，其亦類矣，故寧取於黃以類於馬。馬，喻中正也。」又云：「碧，不正之色，雞，不材之禽，故相與爲暴之類。」按末句各本多誤，兹據子彙本。按暴，舊訓爲亂，蓋猶前非正舉及狂舉之義。此謂白以青非碧，不如青以白非黃之正；猶之牛合羊非雞，不如羊合牛非馬之正也。蓋黃與青白爲五色一類，馬與牛羊爲四足一類，皆爲正舉，故曰黃、馬，與類。而碧爲間色，與黃不類，謂之非正舉；雞爲二足之禽，與馬不類，謂之狂舉；故曰碧、雞，與暴也。

暴則君臣爭而兩明也。兩明者昏不明，非正舉也。

此專承「暴」言之。蓋前以君臣比青白，又謂青白爭而兩明，則所謂暴者，猶之君臣爭而兩明也。惟兩明之云，既非青明，又非白明，乃青白爭明而成碧色，究亦昏暗不明而已。故曰「非正舉也」。

舊注：「君臣爭明，則上下昏亂，政令不明，不能正其所舉也。」

非正舉者，名實無當，驪色章焉，故曰兩明也。兩明而道喪，其無有以正焉。」

陳澧云：「所以言非正舉者，實是碧，名爲青、名爲白皆不可；惟雜色明著耳。」又謂「兩明則正道喪」。按陳說皆是。後堅白論末云：「故獨而正。」蓋驪則兩明，獨則明一，明一則指章，故正也。

舊注：「名者，命實者也；實者，應名者也。夫兩儀之大，萬物之多，……各有定名，聖人司之，正舉而不失，則地平天成，尊卑以序。……若夫名乖於實，則實不應名，上慢下暴，百度昏錯，故曰驪色章焉。驪色之章，則君臣爭明，內離外叛，正道衰者，名實不當也。名實之不當，則無以反正道之喪也。」按「名者命實」究非此宗之意，不可不知。

右第九節　總結上之七八兩節，且「申正名之恉」。

堅白論第四（道藏本原第五）

「堅、白、石，三，可乎？」曰：「不可。」

本篇亦問答體，卽以或人之意發端。揣或人之意，以謂白色合馬形不爲有馬，而必曰白馬，則堅性、白色、石形，何獨不可以爲三？可乎，猶言可也。然公孫子以爲不可，謂之爲「離堅白」。離堅白，亦形名家所持最大論題之一，其語常散見於諸子各書。惟莊子胠篋篇作「頡滑堅白」，釋文：「頡滑，謂難料理也。」而徐無鬼篇有「頡滑有實」之語，釋文引向云：「頡滑，謂錯亂也。」又荀子儒效篇：「堅白之同分隔也。」原作「堅白同異之分隔也」，甚誤。說詳舊作荀子集解補正。言頡滑，言分隔，皆卽離字舊詁。

白馬說，名家言離白，而形名家言不離；堅白說，名家言不離，而形名家言離。翩其反而，古今罕匹。

公孫此論，特引名家之說以爲客難之辭，反覆駁詰，求申其恉。今考客難之辭，皆在墨子經說四篇中；近人多混而一之，互證其說，相去千里。

曰：「二，可乎？」曰：「可。」曰：「何哉？」曰：「無堅得白，其舉也二；無白得堅，其舉也二。」

賓曰：堅白石二，可乎？答曰：可。曰：然則何以不爲三而爲二邪？舊注：「堅也，白也，石也，三物合體。而不謂之三者，人目視石，但見石之白而不見其堅，是舉所見石與白二物，故曰無堅得白，其舉也二矣；人手觸石，但知石之堅而不知其白，是舉石與堅二物，故曰無白得堅，其舉也二矣。」傅山云：「無堅但得白，似謂白要連石說，猶白石。無白但得堅，亦要連石說，猶堅石。」按二說皆是。此言堅白相離，所舉亦異。故目得白時，亦得石形，合而爲二；手得堅時，亦得石形，合而爲二。故曰「其舉也二」。

曰：「得其所白，不可謂無白；得其所堅，不可謂無堅：而之石也之於然也，非三也？」

舊注：「之石，猶此石。堅白共體，不可謂之無堅白。既得其堅白，不曰非三而何。」傅山云：「此所字似非語詞。所字暗謂石字，石謂白堅之所也。離了石，無處著白堅矣。故曰之石之於然。」又云：「此於字猶爲字。」俞樾云：「按也，讀爲邪。非三邪，乃問者之辭。言既得其堅，既得其白，而堅也，白也，此石實然也，非三邪？」按三說皆是。然者，猶云自然。蓋謂明明得白得堅，不可謂無白無堅。此堅白與此石乃自然合而爲三耳。非三也句，謂堅、白、石實三也。

曰：「視不得其所堅而得其所白者，無堅也；拊不得其所白而得其所堅者，無白也。」

校第二句，各本多作「拊不得其所白而得其所堅，得其堅也，無白也。」俞樾云：「按此當作視不得其所堅而得其所白，得其所白者，無堅也；拊不得其所白而得其所堅，得其所堅者，無白也。文有脫誤。」今按俞校亦通。惟子彙本、傅本、繹史本均如前作，茲從之。

舊注：「堅非目之所見，故曰無堅；白非手之所知，故曰無白也。」按舊說是。此段爲論主之答辭。蓋謂無堅無白者，非無堅無白也；不過目不能同時得白又得堅，手不能同時得堅又得白耳。所得既異，故堅白離也。

右第一節　首明堅、白、石不爲三而爲二，由於視拊之不同。

曰：「天下無白，不可以視石；天下無堅，不可以循石。堅白石不相外，藏三可乎？」

校不可以循石，原作「不可以謂石」，疑循謂二字草書形似致誤。謂字無義；下文作循石，循與拊同，可證。茲徑改之。

賓難曰：有白，石方可視；天下無白，復何能視？有堅，石方可循；天下無堅，復何能循？然則白也，堅也，不能謂之無矣。且堅、白與石三者，不相排外者也。如視石得白而無堅，非堅與白相外也，實堅隱藏於白石而不令人見耳。又循石得堅而無白，非白與堅相外也，實白隱藏於堅石而不令人知耳。故曰「藏三可乎」，猶言可也。

按墨經多存名家之說，如經上第六十六條曰：「堅白不相外也。」說云：「於石，無所往而不得，得二。」又經下第三十八條云：「有指於二而不可逃；說在以二參同三。」說云：「兼指之，以二也；衡指之，參直之也。」其義正與此同；知公孫特引名家之言以資駁辯耳。

曰：「有自藏也，非藏而藏也。」

校傳本作「非藏爲藏也」。

舊注：「目能見物而不見於今補。堅，則堅藏矣；手能知物而不知於白，則白藏矣。此皆不知所然，自然而藏，故曰自藏也。彼皆自藏，非有物藏之之義。」按舊說是。此非藏而藏，即謂非有一石爲其所藏之地而藏之之意。

曰：「其白也，其堅也，而石必得以相盈。其自藏奈何？」

校以相盈，原作「以相盛盈」。俞樾云：「按盛，衍字也。謝注云：『盈，滿也。其白必滿於堅石之中，其堅必滿於白石之中，而石必滿於堅白之中，故曰必得以相盈也。』是其所據本無盛字。」按俞校是。疑盛字爲後人旁注誤入正文者，茲照刪去。

此賓仍持堅白不離之說，以謂堅白必得相盈於石，蓋明明有石爲之藏地也，奈何其爲自藏邪？

墨子上經第六十七條曰：「堅白之攖相盡。」又下經第十四條曰：「撫堅得白，必相盈也。」義卽同此。

曰：「得其白，得其堅，見與不見離。不見離，一。一不相盈，故離。離也者，藏也。」

此謂由見以得白，而堅卽以不見離；由知以得堅，而白卽以不知離。今白由見而得，則堅由不見而離，故曰「見與不見離」。堅既由不見而離，是見而在者一，而不見而離者亦一耳，故曰「不見離，一」。兩一相外，必不相盈，既不相盈，則兩一相離，故曰「一不相盈，故離」。離卽隱藏之義，故曰「離也者，藏也」。蓋所謂自藏者如是。

墨子經上第六十六條曰：「異處不相盈，相非同排，是相外也。」又下經第四條曰：「見不見離，一二不相盈，堅白。」此在名家，本爲反證之辭；然適與本段同者，以形名家立說固如是耳。

右第二節　承上反駁，生出「盈、離」二義。

曰：「石之白，石之堅，見與不見，二與三，若廣修而相盈也。其非舉乎？」

本段蓋賓承主論以反駁之辭。夫白者石之白，堅者石之堅。以可見之白與不可見之堅合而爲二；二又與石合而爲三；如廣修之於一平冪，相盈不離也。其非舉乎，猶言舉之正是也。此舉字，卽墨子經上第三十一條「舉，擬實也」之舉。

墨子經下第四條曰：「不可偏去而二；說在見與俱，一與二。」又說謂「廣脩堅白」。其辭雖與此稍異，而爲義全同。不可偏去而二者，意謂堅白二者彼此不可偏去也。不可偏去，卽相盈而不離耳。見與俱，卽見與不見。見，就白言；不見，就堅言；俱，合堅白言也。一與二，亦卽二與三。一與二者，石之一與堅白之二也。二與三者，堅白之二又以二與石之一合而爲三也。廣與脩，卽此廣修。凡此皆名家之說也。

曰：「物白焉不定其所白；物堅焉不定其所堅。不定者兼，惡乎其石也？」

校 惡乎其石也，其字各本多作甚。傅山云：「甚字又恐是其字。」按崇文本正作其，玆特照改。

舊注：「萬物通有白堅，是不定於石也。夫堅白豈唯不定於石乎？亦兼不定於萬物矣。萬物且猶不能定，安能獨於與石同體乎？」按舊說是。此卽論主承上文「石之白、石之堅」言，謂物白、物堅，兩皆不定，復何能定於石邪？

曰：「循石，非彼無石。非石，無所取乎白。石不相離者，固乎然其無已。」

此賓承第一段相盈之說而爲之辭。「循石」之循，當與上文「拊不得其所白」之拊同義。古書每拊循二字連文，見史記晉世家。晏子春秋問下篇第四云：「堅哉石乎落落！視之則堅，循之則堅，內外皆堅。」循之則堅，猶云以手拊石而得堅也。舊注：「彼，謂堅也，非堅則無石矣；言必賴於堅以成石原作名，疑形誤。也。非有於石，則無所取於白矣；言必賴於石然後以見白也。此三物者相因，乃一體，故曰堅白石不相離也。堅白與石猶不相離，則萬物之與堅白原脫白字，今補。固然不相離，其無已矣。」按舊說是。固乎然，猶云固於然。於然，義見前。其無已，猶云無止時。蓋謂堅白固自然不離於石而無止時也。

曰：「石，一也，堅、白，二也而在於石。故有知焉，有不知焉；有見焉，有不見焉。故知與不知相與離，見與不見相與藏。藏故，孰謂之不離？」

校 石一也，原作「於石一也」。於，傅本作于。疑衍文；或後人妄據墨經校增耳。考經下第三十七條云：「於一，有知焉，有不知焉。說在存。」說云：「於○石，一也；堅、白，二也，而在石。故有知焉、有不知焉可。」下略。彼「於」字乃牒經文「於一」之標題，與正文無涉。此妄據增，無義。茲徑刪之。

此論主遠承前文「見與不見」、「二與三」、「相盈」之說而駁之也。舊注：「以手拊石，知堅不知白，故知與不知相與離也。以目視石，見白不見堅，故見與不見相與藏也。堅藏於目而目不見堅，誰謂堅不藏乎？白離於手而手不知白，誰謂白不離乎？」按舊說甚是。

按本條校語所引墨經，卽名家之言，謂堅白之在石，衹曰有知焉有不知焉可也。但形名家以爲不然，以謂此須有知不知，有見不見。蓋知與不知離，見與不見離，故曰離堅白也。

右第三節　承前視拊之異，故言知與不知，見與不見。

曰：「目不能堅，手不能白。不可謂無堅，不可謂無白。其異任也，其無以代也。堅白域於石，惡乎離？」

此又賓難之辭，仍統承上文言之也。舊注：「目能視，手能操，目之與手所任各異，故曰其異任也。目自不能見於堅，不可以手代目之見堅；手自不能知於白，亦不可以目代手之知白：故曰其無以代也。堅白相域不相離，安得謂之離？言不相離。」言字以意增；不相離三字，據道藏本。按舊說是。此謂目雖不能知堅，然不可以謂之無堅；手雖不能見白，然不可以謂之無白也。域，猶言局限。謂堅白二德局限於一石，不相離也。

曰：「堅未與石爲堅，而物兼未與爲堅。而堅必堅，其不堅石物而堅。天下未有若堅，而堅藏。

校 俞樾云：「按物兼未與，當作兼未與物。此言堅自成其爲堅之性耳，非與石爲堅也。豈獨不與石爲堅，兼亦未與物爲堅也，而堅必堅。」按俞說是。惟物字似可不必乙轉，以「物兼未與爲堅」及「兼未與物爲兼」文義本同耳。但舊本似有兩物字，因其注中兩「故曰」下皆引原文，讀作「未與石爲堅而物兼」句絕，「未與物爲堅而堅必堅」句絕。今各本正文皆無第二物字，或無者是也。

自此以下皆論主之辭。

此一小段專就堅言。蓋所謂堅者，旣未與石爲堅，卽萬物亦兼未與之爲堅也。「而堅必堅，其不堅石物而堅」，與下文「若白者必白，則不白石物而白焉」，相對成文。而堅，卽若堅。而，猶若也。其不，卽將不。其，猶將也。二句承上石與物言。蓋謂若堅者必堅，則將不堅於石與物而亦堅；猶云或將不堅於石與物而亦爲獨立之堅也。天下未有若堅而堅藏句，乃轉辭。舊注：「天下未有若此獨立之堅而可見；然亦不可謂之爲無堅，故曰而堅藏也。」

白固不能自白，惡能白石物乎？若白者必白，則不白石物而白焉。黃、黑與之然。

校 則不白石物而白焉，原作「則不白物而白焉」。考下文「惡取堅白乎」，原作「惡取堅白石乎」，多一石字，或爲此處錯簡。此段與上段對文，此句與上「其不堅石物而堅」句亦對文，均承石物言，故知此句應有石字。茲由下文移正。

此一小段專就白言。前言堅未與石物爲堅者以堅藏耳，非謂堅可獨立也。故此段舊注云：「世無獨立之堅乎？亦無孤立之白矣。故曰白固不能自白。旣不能自白，安能各本此處皆衍自字。白於石與物？故曰惡能白石物乎。各本白石皆誤作自。若使白者必能自白，則亦不待白於物而自白矣。豈惟此原誤堅。白乎？黃黑等色亦皆然也。」按舊說甚是。蓋此亦謂白非獨立；其不與石物爲白者，以白藏耳。

石其無有，惡取堅白乎？故離也。離也者因是。

校惡取堅白乎，原作「惡取堅白石乎」，石字疑卽上文錯簡，前已移正。

此一小段總束堅白言之。其，猶尙也。蓋堅白既藏，石尙無有，則堅白亦無從而取之矣。堅白既無從取，故堅白離也。因是，卽承上「有自藏也」之義。舊注：「若石與物，必待於色然後可見也。色既不能自爲其色，則石亦不能自顯其石矣。天下未有無色而可見之物，故曰石其無有矣。石既無矣，堅白安所託哉？故曰惡取堅白乎。乎字原誤作石，今改。反覆相見，則堅白之與萬物，莫不皆離矣。夫離者豈有物使之離乎？莫不因是天然而自離矣。故曰因是也。」按舊說是。惟彼前段祗承上文白言，不承堅言，未免偏缺耳。

右第四節　此以「因是」駁「域」字。

力與知，果不若『因是』。

力與知，卽力與智也。舊注：「果，謂果決也。若，如也。夫不因天然之自離，而欲運力與知而離於堅白者，果決不得矣。故不如因是天然之自離也。」按下文言神不見，神不知，故此先言力與智之不若，生起下文。淮南泰族篇云：「神明之事，不可以智巧爲也，不可以功力致也。」此蓋謂神尙無主，遑言力與智哉？

且猶白：以目、以火見。而火不見；則火與目不見，而神見。神不見，而見離。

校傳本「以目」下重一目字。

且者，進言之也。此一小段就見白言，故曰猶白。云「猶」者，若先爲之例也。而火不見，而猶然也。舊注：「神，謂精神也。人謂目能見物；而目以因火見。是目不能見，由火乃得見也。然火非見白之物，則目與火俱不見矣。然則見者誰乎？精神見矣。夫精神之見物也，必因火以（同與。）目乃得見矣。火目猶且不能爲見，安能與神而見乎？則神亦不能見矣。推尋見者竟不得其實，則不知見者誰也，故曰而見離。」按舊說甚是。

堅：以手，而手以捶；是捶與手知。而不知，而神與不知。

此一小段就知堅言。說文：「捶，以杖擊也。」引申蓋亦上文拊循之義。然龍似以手對目言，捶對火言，則捶當假爲棰；故既曰「手以棰」，又曰「是棰與手知」也。而不知，「而」亦然字之義。意謂堅須手與棰知；然手與棰均不能知，則神其知矣。而神與不知，舊注：「手捶與精神不得其知，則其所知者彌復不知矣。」是也。此與上段文本相對，然語較簡略。

陳澧云：「此言手與捶皆離，即神亦離也。知堅必以手，而手必捶之。手以捶而知，手本不知也。

捶之知，乃手知，亦非捶知也。是捶與手皆知而不知也。捶與手既皆不知，則知者神也。然不以手捶，則神亦不知也。如是，則神亦離也。」按陳說甚通，而句讀略異，故附錄於此。

墨子經下第四十六條云：「知而不以五路，說在久。」說云：「智卽知，下同。○以目見；而目以火見，而火不見。惟以五路智。久：不當以目見，若以火見。」其意似卽所謂神見、神知，然名家只說久而不說神也。形名家直謂神不能知見，尤爲斬截。

神乎？是之謂『離』焉。

此句總束上二小段言之。神乎，疑之之辭。蓋形名家謂神不見不知，卽知見離。知見離，卽堅白離矣。故曰神乎，言無神也。所謂離者如是而已。

離也者天下，故獨而正。」

離也者天下，舊注：「推此以尋天下，則何物而非離乎？」蓋所謂離者，不特堅白如是；卽天下物指，皆可等量而齊觀矣。故獨而正者，「獨」卽墨子經下第三十八條「必獨指吾所舉」之獨。意謂吾所舉者白石，則必獨指其白而不兼指其堅；吾所舉者堅石，亦必獨指其堅而不兼指其白也。「正」卽通變論「黃其正矣，是正舉也」之正。又曰：「非正舉者，名實無當，驪色章焉。」蓋謂石形、白色、堅性三者均屬物指，同由感覺而得，既不可雜白於堅，亦不可雜堅於白。若雜舉之，則二者爭明，爲非正舉；若獨指之，則雜者不章，方爲正舉。由是知天下之物，形、色、性三者皆當離而舉之，離則獨而正矣。

右第五節　言「神」亦不見不知，以「離」爲獨而正。

名實論第五（道藏本原第六）

天地與其所產焉，物也。

舊注：「天地之形及天地之所生者，皆謂之物也。」按舊說極是。列子湯問篇：「天地亦物也。」莊子則陽篇：「天地者形之大者也。」又達生篇：「凡有貌象聲色者皆物也。」夫天地之爲物，以其形也；則凡天地之所生者，亦皆以其形爲物。尹文子云：「牛則物之定形。」蓋牛馬皆物也，以其賦有此形也。

物以物其所物而不過焉，實也。

物其所物者，物，相也；所物，謂所相之形色也。左傳昭公三十二年：「物土方。」杜注：「物，相也。」周禮地官草人：「以物地相其宜。」鄭注：「以物地占其形色。」又夏官校人：「凡軍事物馬而頒之。」賈疏：「物卽是色。」然則物以物其所物者，謂天下之物各相其形色而命之名，猶牛馬二物，各相其形色而呼之爲牛馬也。而不過焉者，牛馬名立，取別他物，而物與名乃不濫。舊注所謂「皆無過差，各當其物，故謂之實也」。尹文子亦云：「形而不名，未必失其方圓白黑之實。名而不形，二字原缺，今補。不可不尋名以檢其差。」蓋形名家之於牛馬以及抽象之名如道德仁義，皆與方圓白黑等量而齊觀，與名家所謂「實」迥然不同。故尋名檢差，亦此不過之義，正形名家所謂「實」焉，學者極須注意此點。

實以實其所實而不曠焉，位也。

校　而字原缺，茲據上句文例補之。

前通變論言「二無右，二無左」，即「白馬非馬」爲二無右，「白馬非白」爲二無左，蓋左右者位也。實其所實者，實卽不過之意；所實，如云白以命色，馬以命形。色形、白馬，不相過差，故曰「實其所實」也。不曠者，白馬左右，合二爲名，而位不空曠，故曰「位也」。

出其所位非位而位其所位焉，正也。

校　此而字原亦缺，據補。

色形不曠，謂之「白馬」；名定俗成，不曰「馬白」，卽所位也。如曰馬白，則所位非位矣。今若出其所位非位之馬白，而位其所位之白馬，卽所謂正也。又如堅白石，可曰堅石、白石，而不可曰堅白石；蓋形名家謂堅白相離者也。故或曰堅石，或曰白石，亦皆所謂正也。前白馬論第三節云：「白馬者：馬與白也；白與馬也。」彼就理言，可曰馬白；此就位言，意在利俗，故祇曰白馬耳。

右第一節　分物、實、位、正四層，以爲正名之基。

以其所正，正其所不正；以其所不正，疑其所正。

校「以其所不正」五字，諸本皆缺；茲據子彙本繹史本增。據舊注，似亦有此五字

以其所正者而檢其所不正者謂之正；以其所不正者而議其所正者謂之疑。蓋其所不正者，自當以其所正而正之。然其所正者究已正否，尚未可知，於是又須以其所不正者而疑其所正者，以反證其所正者之正否也。

按此乃形名家持論之方術，前白馬堅白二論皆用此以制勝也。

其正者，正其所實也；正其所實者，正其名也。

此其正之正，卽上文「正其所不正」之第一正字，亦卽與疑字相對者。蓋此祇就正言，不就疑言，故專承正字，特爲標出也。其正維何？厥義有二：（一）正其所實；（二）正其名。如白以命色，馬以命形，色形雙具，白馬成物者，正其所實也。所實既正，於是人見白之色，馬之形，卽呼之曰白馬

者，正其名也。

右第二節　歸於正名。

其「名」正，則唯乎其彼此焉。

舊注：「唯，應辭也。」按彼此者，以示萬物分別之界也。蓋名正而後萬物之彼此乃不混；設吾謂而人皆應之，即可知其當矣。故曰「唯乎其彼此焉」。

謂彼而彼，不唯乎彼，則彼謂不行。謂此而此，不唯乎此，則此謂不行。其以當，不當也；不當而當，亂也。

校　謂此而此，各本皆作「謂此而行」；不當而當，各本皆缺下一當字，惟子彙本繹史本不誤，玆據正。

謂者屬我，唯者屬人。如我謂彼而以爲彼，不顧乎人，則人將不唯乎我之彼，由是我之所謂彼者不行矣。謂此各句，義同。蓋彼此二謂，原未約定俗成；今乃謂彼而彼，謂此而此，殆其以不當爲當也。不當而以爲當，名斯亂矣。按此就未定之名而言。

故彼彼當乎彼，則唯乎彼，其謂行彼。此此當乎此，則唯乎此，其謂行此。其以當而當也；以當而當，正也。

彼彼者卽上「謂彼而彼」之縮文也。此言我謂彼而以爲彼者有以當乎人之彼，人亦將唯乎我之彼，則我之謂固已行於人之彼矣。此此各句，義同。按本段與上段相對，以當而當，故謂之正。蓋此就已成之名而言也。

故彼彼止於彼，此此止於此，可。

彼彼旣當乎彼，故止於彼；此此旣當乎此，故止於此：因曰可也。如云狗者，狗也；犬者，犬也。

彼此而彼且此，此彼而此且彼，不可。

彼也而乃此之，則彼將爲此矣；此也而乃彼之，則此將爲彼矣：故曰不可。如名家謂「狗，犬也」，見墨經下第五十四條。而公孫龍以爲「狗非犬」。見莊子天下篇。墨經下第六十八條云：「彼彼此此與彼此同。說在異。」說云：「正名者彼此。彼此可：彼彼止於彼，此此止於此。彼此不可：彼且此也，此亦可彼。彼此止於彼此。若是而彼此也，則彼彼亦且此此也。」按此乃名家之說，正與本節相對駁者也，其詳可參閱彼文。

右第三節　此言名之亂、正，係乎謂、唯。

夫名實，謂也。知此之非此也，知此之不在此也，則不謂也。知彼之非彼也，知彼之不在彼也，則不謂也。

校「知此之非此也」句，各本皆作「知此之非也」；又第四句「則不謂也」，各本皆作「明不謂也」：茲據子彙本、守山閣本、繹史本增改。

名以命形，名形不過爲實，名實當乃得謂之，故曰「名實，謂也」。若知此名之非此形，又知此名之不在此形，則名實不當而不謂矣。知彼各句，義同。

墨經下第三十三條云：「或同域，過名也。說在實。」說云：「知是之非此也，有同又。知是之不在此也，然而謂『此南北』，過而以已爲然。」按名家言名實不同，故「謂」亦異也。

至矣哉古之明王！審其名實，所同斯。愼其謂。至矣哉古之明王！

校所愼其謂，原作「愼其所謂」，與文意不合，蓋不知所字讀爲「斯」耳。茲徑乙轉。

右第四節　名實當則謂，三者並重。

公孫龍子形名發微

學徵第四

形名之學，自公孫龍子五論言，鴻思尊感，語妙天下，固已洋洋乎大觀矣。惜據漢志亡逸九篇，閒日枯坐，神往斯賢，每令繞室彷徨，若不自釋。蓋綜其生平極詣，光耀當時者，僅留三分之一以穀我後人。雖足寢饋終身，而鼓儛酣嬉於無藝；然其至言要道，坐令俄空千載，莫由闚見其全，致可悕已！予生也晚，欲於古籍叢殘之中，句梳而字櫛，以冀捋其餘緒，略明斯派之大美。是以舉凡公孫本書及周、秦、漢諸子所散見屬諸此學者，愈益鉤玄提要，擇繹而迻錄焉。日月積貫，裒然可覽，因立爲表而條理之。復以其學率反名家，若相放效；卽亦彼此備列，兩相對勘。庶幾精微之際，各極其能；雖凜凜如晝界而守乎，蓋有藉以匯其通者矣。

	名家之學	形名家之學
1	物，達也，有實必待文多也命之。馬，類也，若	正其所實者，正其名也。名實論

	實也者必以是名也命之。藏，私也，是名也止於是實也。經說上	審其名實。同上
2	以形貌命者，必知是之某也，焉同乃。知某也。不可以形貌命者，唯同雖。不知是之某也，知某可也。諸以形貌命者，若山丘室廟者皆是也。大取篇	天下無指者，生於物之各有名，不爲指也。指物論 有形者必有名，有名者未必有形。尹文子 名者名形者也，形者應名者也。同上
3	擧，擬實也。經上 名家控名責實，參伍不失。史記自序論六家要指	物以物其所物而不過焉，實也。名實論 故無形者有形之本，無名者有名之母。循名責實，實之極也；按實定名，名之極也。參以相平，轉而相成，故得之形名。鄧析子轉辭篇 緣名而責形，緣形而責實。同上 大道無形，稱器有名。名者正形者也；形正由名，則名不可差。尹文子

		形而不名，未必失其方圓白黑之實；名而不形，不可不尋名以檢其差。同上 名以檢形，形以定名。同上
4	夫名，以所明正所不智同知，不以所不智同知。疑所明。經說下	以其所正，正其所不正；以其所不正，疑其所正。名實論
5	或同域。過名也。說在實。經下 知是之非此也，有同又。知是之不在此也；然而謂「此南北」，過而以已爲然。始也謂「此南方」，故今也謂「此南方」。經說下 今日適越而昔來。莊子天下篇	夫名實，謂也。知此之非此也，知此之不在此也，則不謂也。知彼之非彼也，知彼之不在彼也，則不謂也。名實論 審其名實，所同斯。愼其謂。同上
6	唯吾謂「非名」也則不可。說在仮。經下 謂「猶是霍」，可。而「之非夫霍也」，謂「彼是是也」不可。謂者毋假爲務。唯乎其謂。「彼猶」	謂彼而彼，不唯乎彼，則彼謂不行。謂此而此，不唯乎此，則此謂不行。其以當，不當也。不當而當，亂也。名實論

	唯乎其謂，則吾謂必行。「彼」若不唯其謂，則不行也。經說下	
7	「彼彼此此」與「彼此」同。說在異。經下 正名者「彼此」。彼此可：彼彼止於彼，此此止於此。彼此不可：彼且此也，此亦可彼。彼此止於彼此。若是而彼此也，則彼彼亦且此此也。經說下	其名正，則唯乎其彼此焉。故彼彼當乎彼，則唯乎彼，其謂行彼。此此當乎此，則唯乎此，其謂行此。其以當而當也。以當而當，正也。故彼彼止於彼，此此止於此，可。彼此而彼且此，此彼而此且彼，不可。名實論
8	一人指，非一人也。是一人之指，乃是一人也。大取篇	物莫非指，而指非指。指物論 指，非非指也。指與物，非指也。同上
9	有之實也，而後謂之；無之實也，則無謂也。經說下	天下無指，物無可以謂物。指物論
10	指也者，天下之所無也；物也者，天下之所有也。以天下之所有爲天下之所無，未可。指物論	天下無指，而物不可謂指也。指物論 天下無指者，物不可謂無指也。同上

11	窮，或有（讀作域又。）前不容尺也。（經上） 端，體之無序而最前者也。（同上） 非半弗斱則不動。說在端。（經下） 斱半，進前取也。前則中無爲半，猶端也。前後取，則端中也。斱必半。「無」與「非半」不可斱也。（經說下）	「有物」不盡。（列子仲尼篇） 一尺之捶，日取其半，萬世不竭。（莊子天下篇）
12	因至，優指。（大取篇）	指不至。（莊子天下篇、列子仲尼篇）
13	景徙。說在改爲。（經下） 光至，景：——亡，若在；盡，古（同姑。）息。（經說下）	影不移。（列子仲尼篇） 飛鳥之景未嘗動也。（莊子天下篇）
14	止，以久也。（經上） 無久之不止。若矢過楹。（經說上）	止，而（同如。）矢過楹。（荀子正名篇。茲據校改本。） 鏃矢之疾，而有不行不止之時。（莊子天下篇）
15	環（圜）俱柢。（經上） 連環可解也。（莊子天下篇）	輪不蹍地。（莊子天下篇）

16	不是與是同。說在不州。經下 是是，則是且是焉。今是，是於是而不是於是，故「是不是」。是不是，則是而不是焉。今是，不是於是而是於是，故「是」與「是不是」同說也。經說下 非誹者誖。說在弗非。經下 「不非」，言「己之誹也」不非。「誹」：非「可非也，不可非也」，是「不非誹也」。經說下	可不可，然不然。莊子天地篇及秋水篇 可不可而然不然，是不是而非不非。呂覽正名篇 不卹是非然不然之情。荀子儒效篇
17	同，重、體、合、類。經上 異，二、不體、不合、不類。同上 同異交得，放有無。同上 是之同，然之同。有非之異，有不然之異。有其異也，爲其同也。爲其同也，異。大取篇	合同異。莊子秋水篇 解垢同異。莊子胠篋篇 合異同。史記魯仲連傳正義引

18	同長，以缶相盡也。經上 楗與狂（假爲匡，今作框。）之同長也。經說上 甚長，甚短。莫長於「是」，（題省。下同。）莫短於「是」。「是」之「是也非是也」者，莫甚於「是」。經說下	龜長於蛇。莊子天下篇
19	白馬，馬也。乘白馬，乘馬也。小取篇 白馬多白。經說下 有白馬不可謂無馬者，「離白」之謂也。白馬論 馬未與白爲馬，白未與馬爲白。合白與馬，「復名」白馬。是相與以不相與爲名，未可。故曰白馬非馬，未可。同上	公孫龍爲「守白」之論，假物取譬，以守白辯，謂白馬爲非馬也。跡府 馬者所以命形也，白者所以命色也。命色形，非命形也。白馬論 故所以爲（同謂。）有馬者，以「獨馬」爲有馬耳，非有白馬爲有馬。同上 「不離」者，有白馬不可謂有馬也。同上
20	有同友。有於秦馬，有同友。有於馬也。知求者，	求馬，黃黑馬皆可致。求白馬，黃黑馬不可

編號		
	之馬也。（大取篇）求白馬焉，執駒焉，說求之舞（無之繁文。）說非也。（同上）	致。（白馬論）馬者無去取於色，故黃黑馬皆所（同可。）以應。白馬者有去取於色，黃黑馬皆以所色去。（同上）
21	一與一亡。（經說下）一偏棄。（經下）偏去莫加少。說在故。（同上）	二無一。（通變論）二無左，二無右。（同上）左與右可謂二。（同上）
22	堅、白、石，三。（堅白論）堅白不相外也。（經上）於石，無所往而不得，得二。（經說上）其白也，其堅也，而石必得以相盈。（堅白論 一）堅白石不相外，藏三。（同上）堅白域於石，惡乎離？（同上）堅白之攖相盡。（經說上）	堅、白、石，二。（堅白論）無堅得白，其舉也二；無白得堅，其舉也二。（同上）得其白，得其堅，見與不見離。不見離，一。一不相盈，故離。離也者，藏也。（同上）有自藏也，非藏而藏也。（同上）異處不相盈，相非（讀排），是相外也。（經說上）

	有指於二而不可逃。說在以二參同三。經下 不可偏去而二。說在見與俱；一與二。同上	離堅白。莊子秋水篇 頡滑堅白。莊子胠篋篇 堅白之同分隔也。荀子儒效篇
23	於一，有知焉，有不知焉。說在存。經下 石，一也，堅、白，二也，而在石。故「有知焉，有不知焉」，可。經說下 且其所知是也，所不知是也，則是知之同與。不知也，惡得爲一？而同乃。謂「有知焉有不知焉」。同上	石，一也，堅、白，二也，而在於石。故「有知焉，有不知焉；有見焉，有不見焉」。故知與不知相與離，見與不見相與藏。藏故，孰謂之「不離」？堅白論
24	兼指之，以二也；衡指之，參直之也。則者今作道。固不能獨指；所欲指不傳，意若未校。經說下	離也者天下，故獨而正。堅白論 必獨指吾所舉，毋舉吾所不舉。經說下
25	宇久不堅白。無久與宇，堅白。說在因。經下	離堅白，若縣寓。莊子天地篇

	宇徙，久。無撫省。堅得白，必相盈也。經說下	
26	堅白域於石，惡乎離？堅白論 一偏棄，謂之而因是也。經下 若藪同華。與美：謂是，則是因美也。經說下	石其無有，惡取堅白乎？故離也。離也者因是。力與知同智。果不若因是。堅白論
27	循所聞而得其意，心之察也。經上 執所言而意得見，心之辯也。同上 知，材也。經上 知也者，所以知也而必知。若明。經說上 臥，知、無知也。經上	神不見。堅白論 而神與不知。同上 意不心。列子仲尼篇 語心之容，命之曰心之行。莊子天下篇
28	以目見；而目以火見，而火不見。惟以五路知。久：不當以目見，若以火見。經說下 知也者，以其知過物而能貌之。若見。經說上	且猶白：以目、以火見。而火不見，則火與目不見。堅白論 目不見。莊子天下篇
29	火熱。說在頓。經下	火不熱。莊子天下篇

	謂火熱也，非以火之熱俄有。若視日。經說下	炭不熱。淮南詮言篇許注引
30	方，柱隅四讙（同權）也。經上 方：矩見交也。經說上	矩不方。莊子天下篇
31	圜，一中同長也。經上 圜：規寫交也。經說上	規不可以爲圓。莊子天下篇
32	狗，犬也。經下 狗犬，命也。經說上 同則或謂之狗，其或謂之犬也。經說下 知狗而自謂不知犬，過也。說在重。經下 二名一實，重同也。經說上	狗非犬。莊子天下篇
33	假必非也而後假。狗假霍也——「猶氏霍」也。經說下	犬可以爲羊。莊子天下篇
34	驪馬，馬也。乘驪馬，乘馬也。小取篇	黃其正矣，是正舉也。非正舉者，名實無當，

	之牛之毛黃，則謂之牛黃。同上	驪色章焉。通變論 黃馬、驪牛、三。莊子天下篇
35	兩絕勝，白黑也。經說上 今有人於此，少見黑曰黑，多見黑曰白，則以此人不知白黑之辯矣。非攻篇上	青白不相與；而相與不相勝，則兩明也。爭而明，其色碧也。通變論 白狗黑。莊子天下篇
36	可無也，有之而不可去。說在嘗然。經下 無也已給，則當給不可無也。經說下	孤駒未嘗有母。莊子天下篇 孤犢未嘗有母。列子仲尼篇
37	牛有齒。經說下	牛無齒。通變論
38	俱一，若牛馬四足。數牛數馬，則牛馬二；數牛馬，則牛馬一。若數指：指五，而五一。經說下	謂牛羊足一；數足，四。四而一，故五。牛羊足五。通變論
39	均之絕；不。說在所均。經下 髮。均縣。輕而髮。絕不鈞也。均，其絕也	至不絕。莊子天下篇 髮引千鈞。列子仲尼篇

	莫絕。經說下	
40	山與澤平。莊子天下篇 山淵平。荀子不苟篇及正名篇	山出口。莊子天下篇 山出乎口。荀子不苟篇。據校改本。

公孫龍子形名發微

理詮第五

形名立宗，類多斷句單辭，頗難誦述；然究其含義之所至，設度而持之，密若編貝，連如貫珠，又未嘗失其所守。蓋其思致湛深，結撰譎佹，每非常人心緣之所能及。苟勤飾終日，徒出入於文字之間，上下於取舍之際，殆未有不困於捋撦者也。茲以前徵其學，因而更詮其理；雖曰彰其說之所不惑，庶幾足以供學人之取裁焉。惟所引名家之說，已詳舊作墨辯發微，不復種理；卽形名學之見諸本論者，亦不多釋以免繇稱云。

1 正其所實者，正其名也。名實論

審其名實。同上

右言色形不曠者正其所實也；謂物當位者正其名也。名形不過，故曰「審其名實」。

2 天下無指者，生於物之各有名，不爲指也。指物論

有形者必有名，有名者未必有形。尹文子大道上

名者，名形者也；形者，應名者也。同上

右言指聚爲物，物見爲形，形成而後有名；然有名者如仁義道德，又未必有形也。

3 物以物其所物而不過焉，實也。名實論

故無形者有形之本，無名者有名之母。循名責實，實之極也；按實定名，名之極也。參以相平，轉而相成，故得之形名。鄧析子轉辭篇

大道無形，稱器有名。名也者正形者也。形正由名，則名不可差。尹文子

形而不名，未必失其方圓白黑之實；名而不形，不可不尋名以檢其差。同上

名以檢形，形以定名。同上

右言物、形、名三者不差爲實。

4 以其所正，正其所不正；以其所不正，疑其所正。名實論

右以正與疑爲正反二面，仍歸於正。

5 夫名實，謂也。知此之非此也，知此之不在此也，則不謂也。知彼之非彼也，知彼之不在彼也，則不謂也。名實論

審其名實，所同斯。愼其謂。同上

右言名實當則謂，不當則不謂也。

6 謂彼而彼，不唯乎彼，則彼謂不行。謂此而此，不唯乎此，則此謂不行。其以當，不當也。不當而當，亂也。名實論

右言「謂彼而彼」，自以爲當，實爲不當，人將不唯，故吾謂不行。「謂此」句同。

7 其名正，則唯乎其彼此焉。……故彼彼當乎彼，則唯乎彼，其謂行彼。此此當乎此，則唯乎此，其謂行此。其以當而當也。以當而當，正也。故彼彼止於彼，此此止於此，可。彼此而彼且此，此彼而此且彼，不可。名實論

右言名正則唯其彼此；然必彼彼當乎彼，此此當乎此，方能唯乎彼此而謂行，如是而後名正也。

8 物莫非指，而指非指。指物論

指，非非指也。指與物，非指也。同上

右言指者有所積聚之德也，其所表見卽物，故曰「物莫非指」。然既謂之物，則指便爲非指；蓋指者非爲非指也，以有指物之對待而後爲非指耳。指既非指，故指物一也。名家謂物有本

體，以指屬諸本體之物，則指物離而爲二矣。

9 天下無指，物無可以謂物。指物論

右言無指無以謂物。

10 天下無指，而物不可謂指也。指物論

天下無指者，物不可謂無指也。同上

右言無指不可謂指，亦不可謂無指。

11 「有物」不盡。列子仲尼篇

一尺之捶，日取其半，萬世不竭。莊子天下篇

右係「極微論」之定理，形名家持說殆無有不貫串於此者。蓋物之有無，可分正負，因得不盡之勢，故不盡之「有」爲正，而不盡之「無」爲負。然正固無「無」，而負可有「有」。此「有物」不盡，卽謂物之無窮，乃正有也。若一尺之捶，日取其半，必至於竭；今云萬世不竭者，乃就不盡之「無」言，卽負有耳。故知天下之物，莫不由負而正，以成其最後之果；亦由正而負，以復其最前之因。此亦指世俗因果言。是以果由因生，有從無見，則所謂萬物者，皆出負無以成正有；始爲極微，漸乃展轉積聚而賦其形以至不盡焉。此積聚之形，大小方圓，隨遇而變，實非物之

本體。因無本體，故必形物不過而後命之以名；其名旣正，自可檢物而不濫矣。

12 指不至。莊子天下篇、列子仲尼篇

右謂極微積聚而成物，物所表見之形色性等謂之指。蓋有物不盡，無體可得；體空指懸，故不至矣。或至者質也，猶云物爲指而非質。淮南修務篇注：「駤，讀似質，緩氣言之者在舌頭乃得。」卽其義證也。

13 影不移。列子仲尼篇

飛鳥之景未嘗動也。莊子天下篇

右謂影不移動，取譬飛鳥，蓋就空間言也。飛鳥蔽光成影，自此至彼，影影相續；卽一影言，謂之不動。張湛注列子云：「影改而更生，非向之影。」可謂一語破的。

14 止，而同如。矢過楹。荀子正名篇

鏃矢之疾，而有不行不止之時。莊子天下篇

右言疾矢不行不止者，亦行亦止，卽方行方止。蓋就時間說，故曰之時也。止如矢過楹，語較斬截。此過楹之過，義亦卽行；然矢過兩楹間謂之行者，據連續言耳。實則就一點說，矢過其處，必有不行之時，故直曰「止」也。

15 輪不蹍地。莊子天下篇

右言輪有圜周，其蹍地者不過微至之處，非圜周也，故曰「輪不蹍地」。

16 鑿不圍枘。莊子天下篇

右成玄英疏云：「鑿者，孔也；枘者，內孔中之木也。然枘入鑿中，木穿空處，不關涉，故不能圍。」按成說未盡其旨。史記孟荀傳：「持方枘欲內圜鑿。」索隱：「方枘是筍也，圜鑿是孔也。」蓋鑿圜而枘方，形相差異，故曰「不圍」。

17 可不可，然不然。莊子天地篇及秋水篇

可不可而然不然，是不是而非不非。呂氏春秋正名篇

不邮是非然不然之情。荀子儒效篇

右以世所謂不可者可之，不然者然之，不是者是之，不非者非之，反面亦同；與名家是則是，非則非，可則可，然則然者異矣。然諸說今佚，不盡可考。

18 合同異。莊子秋水篇

解垢同異。莊子胠篋篇

合異同。史記魯仲連傳正義引

右說亦佚去。但形名家以謂一切之物皆由極微漸積所成，則初無同異；其有同異者，殆由事後言之耳。

19 郢有天下。莊子天下篇

右郢，楚都也。郢爲楚之一域，而楚又爲天下之一域。郢爲楚之一域，故郢有楚；楚爲天下之一域，故楚有天下。楚有天下，故郢亦有天下也。且天下與郢皆可分之極小，而天下可集多郢而成，則郢在先，天下在後，是郢有天下無疑。

20 齊秦襲。荀子不苟篇

右楊倞注云：「襲，合也。齊在東，秦在西，相去甚遠。若以天地之大包之，則曾無隔異，亦可合爲一國也。」按此說亦佚，楊注不知是否。

21 龜長於蛇。莊子天下篇

右說亦佚，不可考矣。司馬彪云：「蛇形雖長而命不久，龜形雖短而命甚長。」俞樾云：「此即『莫大於秋毫之末，而大山爲小』之意。」按據極微言，則龜形積聚久，故長；蛇形積聚促，故短也。淮南說林篇：「問吉凶於龜者，以其歷歲久矣。」司馬氏蓋即取此意爲言。

22 公孫龍爲「守白」之論，假物取譬，以守白辯，謂白馬爲非馬也。跡府

馬者所以命形也，白者所以命色也。命色形非命形也。白馬論

故所以爲 同謂。有馬者，以「獨馬」爲有馬耳，非有白馬爲有馬。同上

「不離」者，有白馬不可謂有馬也。同上

右言白馬非馬。

23 求馬，黃黑馬皆可致。求白馬，黃黑馬不可致。白馬論

馬者無去取於色，故黃黑馬皆所 同可。以應。白馬者有去取於色，黃黑馬皆以所色去。同上

右言馬與白馬，以求而見其異。

24 二無一 通變論

二無左，二無右。同上

左與右可謂二。同上

右言白、馬二者不可偏去。

25 堅、白、石二。堅白論

無堅得白，其擧也二；無白得堅，其擧也二。同上

得其白，得其堅，見與不見離。不見離，一一不相盈，故離。離也者，藏也。同上

有自藏也，非藏而藏也。同上

異處不相盈，相非讀排，是相外也。墨子經說上

離堅白。莊子秋水篇

頡滑堅白。莊子胠篋篇

堅白之同分隔也。荀子儒效篇

右言離堅白。

26 石，一也，堅、白，二也而在於石。故「有知焉，有不知焉；有見焉，有不見焉」。故知與不知相與離，見與不見相與藏。藏故，孰謂之「不離」？堅白論

右言堅、白二者，有手拊、目見之異，因有知不知，有見不見，故離也。

27 離也者天下，故獨而正。堅白論

必獨指吾所舉，毋舉吾所不舉。墨子經說下

右言堅白於石，祇以獨指爲正。

28 離堅白，若縣寓。莊子天地篇

右縣，同懸，亦離隔之義。寓，兼寓久言。寓久，即宇宙。則縣寓猶云懸隔宇宙也。形名家以

堅白之分離取譬於宇宙之懸隔。蓋謂堅者性也，白者相也；性相兩指，各成其事，不能相盈，故離堅白。而宇彌異所，宙彌異時，二者常住，「域」「長」不同，故懸宇宙。以其相似，乃得比也。

29 石其無有，惡取堅白乎？故離也。離也者因是。力與知同智。果不若因是。堅白論

右言堅白離爲因是，謂因其自然也，以駁名家「堅白域於石」之說。

30 神不見。堅白論

而神與不知。同上

意不心。列子仲尼篇

語心之容，命之曰心之行。莊子天下篇

右神與心大旨相同。說文：「語，論也。」此言心之形出爲意，故曰「心之容」。心之形出，爲知爲見，故曰「心之行」。蓋形名家以謂心神不與於知見之事，其可知可見者爲意，故對於一切之物，唯有感覺 (Sensationalism) 而已。感覺所及，形相自著，並無心神運乎其間，特意之所行以爲用也。

31 且猶白：以目、以火見。而火不見，則火與目不見。堅白論

目不見。莊子天下篇

右言目非見體，但有見之感覺可驗耳。

32 火不熱。莊子天下篇

炭不熱。淮南詮言篇許愼注引

右言火、炭皆有其形而無本體，熱乃俄然而有，祗可感覺耳。

33 冰不寒。淮南詮言篇許注引

右與上項同理。

34 矩不方。莊子天下篇

右言矩爲方形；然矩有矩之形，方有方之形，矩形非方形也。故曰「矩不方」。司馬彪云：「矩雖爲方而非方。」殆亦就其形而言之。

35 規不可以爲圓。莊子天下篇

右與矩同；而辭少變者，以矩原有方形而規無圓形也。規無圓形，故作一圜時，僅用規「爲」之尙不能成，必待「所爲」之積而後圜乃成也。故曰「規不可以爲圓」。

36 狗非犬。莊子天下篇

右言狗爲一形，犬爲一形，二形二名，所謂物其所物而不過也。若謂狗爲犬，乃彼此而彼且此，則不可也。故曰「狗非犬」。

37 犬可以爲羊。莊子天下篇

右言犬羊爲物，二形二名，名定俗成，乃得假用。蓋物既名犬，犬又字羊，人之聽者明而能別，意固在犬也。故曰「犬可以爲羊」。

38 黃其正矣，是正舉也。……非正舉者，名實無當，驪色章焉。通變論

黃馬、驪牛、三。

右言黃馬驪牛，不爲四而爲三者，舊注云：「驪，色之雜者也。」蓋形名家謂物莫非指，而指之大者無過形色。苟色雜不明，則形物必亂，所成之名，必將失實，而是非大混。故黃色正，謂之正舉；驪色不正，謂之非正舉，亦云狂舉，因而不舉矣。故曰「黃馬驪牛三」。

39 青白不相與；而相與不相勝，則兩明也。爭而明，其色碧也。通變論

白狗黑。莊子天下篇

右言白以命色，狗以命形，因曰白狗。然白中有黑，而黑少白多。但謂黑狗則賊白，但謂白狗則奪黑，謂之白黑狗，則二色爭而明，皆非正舉而名亂矣。故曰「白狗黑」。

40　孤駒未嘗有母。莊子天下篇
孤犢未嘗有母。列子仲尼篇

右列子云：「有母非孤犢也。」莊子李頤注云：「駒生有母，言孤則無母；孤稱立，則母名去也。母嘗爲駒之母，故孤駒未嘗有母也。」按二說皆是。蓋此不曰未有而曰未嘗有者，有母未嘗孤，無母然後稱孤，則無母在前，孤稱在後也。故曰「未嘗有母」。

41　牛無齒。通變論

右言牛無上齒，偏缺不全，皆非正舉，故曰「無齒」。此與驪牛同理。

42　羊牛無尾。通變論

右言羊牛無鬆毛長尾，與上項同理。

43　丁子有尾。莊子天下篇

右言丁子者，成玄英疏云：「楚人呼蝦蟆爲丁子也。」按爾雅釋魚：「科斗，活東。」郭璞注：「蝦蟆子。」邢昺疏：「此蟲頭圓大而尾細。」埤雅：「科斗，一名丁子。」按斗丁東三字皆雙聲，則丁子猶云科斗子也。然據邢疏，丁子固有其尾，更何待說？此當仍以成疏蝦蟆爲是。蓋蝦蟆無尾，而其始生嘗有尾。始生名丁子，及爲蝦蟆，仍名丁子，其名不正。茲正其名，故曰「丁子有尾」也。

44 鉤有須。荀子不苟篇

右疑卽趙策三「無鉤罕（今作咢）鐔蒙須之便」之鉤須。鉤爲劍環，蒙須（或祇作須）。爲劍緱也。史記孟嘗君傳：「馮先生甚貧，猶有一劍，耳又蒯緱。」索隱云：「蒯，草名。緱，謂把劍之物。言其劍無物可裝，但以蒯繩纏之，故云蒯緱。」據此，知劍首之環本有緱纏之，以便把持耳。此蓋謂今之鉤無須，然其始固嘗有須也，故曰「鉤有須」。此與上項亦同理。

45 馬有卵。莊子天下篇

46 卵有毛。同上

右二似言生物名詞函義之變易，今其說已佚，所未詳也。惟莊子至樂篇云：「種有幾。……胡蝶胥也化而爲蟲，生於竈下，其狀若脫，其名爲鴝掇。鴝掇千日爲鳥，其名爲乾餘骨。……羊奚比乎不箰久竹生青寧。青寧生程。程生馬。」據此，似謂萬物由「幾」遞變至蟲，而鳥，而馬；則此所云云，卵卽鳥也，毛卽蟲也。是以馬有卵者，馬由鳥類所遞化也。卵有毛者，鳥由蟲類所遞化也。今雖馬非卵，卵非毛；然其初名之時，固已有卵有毛。然則今之馬卵二名，其含義已非原來之舊，誠正名者所宜留意也。故曰「馬有卵；卵有毛」。

47 謂牛羊足一；數足，四。四而一，故五。牛羊足五。通變論

右言「謂」與「數」不同，即謂之一而數之四也。

48 謂雞足一；數足，二。二而一，故三。雞足三。通變論

雞三足。莊子天下篇

右與上項同理。

49 藏三牙。呂氏春秋淫辭篇

臧三耳。孔叢子公孫龍篇

右藏或臧，似謂藏物之器。左傳僖公二十四年：「晉侯之豎頭須，守藏者也，其出也，竊藏以逃。」往嘗作鼎字義證，以謂鼎爲古之藏幣。說文：「鼎，三足兩耳。」蓋鼎有二耳，或亦謂之二牙。若照上二項謂而數之，當曰三也。

50 至不絕。莊子天下篇

髮引千鈞。列子仲尼篇

右言髮者，以比極小之物。蓋髮引千鈞爲譬辭，以喻極小之物能引極重而不絕也。然何以不絕？以其至均故。列子云：「髮引千鈞，勢至等也。」又張湛注云：「髮甚微脆而『至不絕』者，

至均故也。」故曰「至不絕」。

51 山出口。莊子天下篇

山出乎口。荀子不苟篇

右山出乎口，原作「入乎耳，出乎口」。楊倞注：「未詳所明之意。或曰：『卽山出口也』，言山有耳口也。凡呼於一山，衆山皆應，是山聞人聲而應之。故曰入乎耳，出乎口。」按荀子勸學篇亦有「入乎耳，出乎口」之文，義與此違。疑此本作「山出乎口」，後人不憭，遂據彼以改之耳。兹從楊注或說。葢山出口，卽駁惠子「山淵平」之說。口，猶言谷，亦猶淵也。出，卽「出乎其類」之出。謂淵下山高，其形可見，故山出乎淵，非山與淵平也。

公孫龍子形名發微

名通第六

晉書隱逸傳載魯勝墨辯注敍有曰：「名者，所以別同異，明是非，道義之門，政化之準繩也。孔子曰：『必也正名！名不正則事不成。』墨子著書，作辯經以立名本。惠施公孫龍祖述其學，以正刑名刑與形通。顯於世。」予嘗反覆咀誦，知魯勝分「名」爲三，卽一「正名」，二「名本」，三「形名」是巳。試推衍魯勝之意，將謂「名」之發生甚古，所謂別同異，明是非，類多關於道義政化。如孔子言「正名」，意在爲政，初非專乎名之擘求也。及乎墨翟，知「名」樞要，更習「辯」事，栿通涂徑，以立「名本」。名本者，猶言名家正宗也。其後三墨之徒，各本所學，推演精進，復益光大。今經說大小取六篇，卽墨子及三墨之遺書，而惠施亦踵習其業，皆卽「名家」之所有事也。抑墨子之前，尙有異軍突起，爲名墨以外別傳之學，謂之「形名」；鄧析好之，不能深考。及戰國稍晚，公孫龍輩祖述其說，立言斷辭，大氐與名家相左，若相仿傚，實則背僑，承其風者亦往往而有。此其辜較也。雖然，魯勝生於晉世，上距戰國，歷年可謂至久；而其持說條理若是，意必有所受之。今既不明，請徵諸史。

古史論名家要指者，首推史記太史公自序，曰：「名家苛察繳繞，使人不得反其意，專決於名而失人情，故曰使人善檢而失眞。原作使人儉而善失眞。若夫控名責實，參伍不失，此不可不察也。」其次漢書藝文志云：「名家者流，蓋出於禮官。古者名位不同，禮亦異數。孔子曰：『必也正名乎！名不正則言不順，言不順則事不成。』此其所長也。及譥者爲之，則苟音亟。鉤鈲析辭原誤作亂。而已。」今綜二說，可得而言。漢志謂「名家者流，蓋出於禮官。古者名位不同，禮亦異數。孔子曰：『必也正名乎！名不正則言不順，言不順則事不成。』此其所長也」。非卽勝之所謂「正名」者邪？史序云：「若夫控名責實，參伍不失，此不可不察也。」斯蓋漢志「名家者流」之所有事，非卽勝之所謂「名本」者邪？史序云：「名家苛察繳繞，使人不得反其意，專決於名而失人情，故曰使人善檢而失眞。」漢志云：「及譥者爲之，則苟鉤鈲析辭而已。」非卽勝之所謂「形名」者邪？由是以觀，「名」爲通稱：「正名」之用，在於政化；「名本」者，名家正宗也；「形名」一端，雖名號未專，而理誼已具。試持此說以讀史序漢志，後先相揆，若合符節，乃知勝說之有所本矣。今請試觀隋書經籍志論「名」，當益顯白。曰：「名者，所以正百物，敍尊卑，列貴賤，各控名而責實，無相僭濫者也。春秋傳曰：『古者名位不同，節文異數。』孔子曰：『名不正則言不順，言不順則事不成。』周官宗伯『以九儀之命，正邦國之位，辨其名物』之類是也。拘者爲之，則苛察繳繞，滯於析辭而失大體。」此其為說，當亦遠宗史序漢志，而與魯勝之言暗合者也。蓋史漢互有齟差，文不甚具，而隋志較為獨詳。如云「春秋傳曰：『古者名位不同，節文異數。』孔子曰：『名不正則言不順，言不順則事不成。』周官宗伯『以九儀之命，正邦國之位，辨其名物』之類」等語，即「正名」言之也。「名者所以正百物，敍尊卑，列貴賤，各控名而責實，無相僭濫」等語，即「名本」言之也。「拘者為之，則苛察繳繞，滯於析辭而失大體」等語，即「形名」言之也。三者備列無缺，或勝序有以啓迪之乎？間嘗論之：談遷父子，去古未遠，簡籍尚多，得知大略，故能開拓於前。班志所論，本諸劉略。向歆父子，以宗親典校秘書，用能網羅舊聞，範圍百氏；所成別錄七略，體大思精，使後之學者得知古之學術源流，其功不小。魯勝承兩漢之英華，具淵閎之思致，墨辯注外，又采諸衆雜集為形名二篇及正天論，知其精於名辯，邃於星曆，故能造詣深純，繼往開來也。今請引申前說，論之於左。

漢志「名家出於禮官」之說，蓋遠溯古始言之也。記曰：「黃帝正名百物。」祭法。皇侃曰：「禮名起於黃帝。」禮記正義別序。為此說者，時代荒邈，載籍難稽；無徵不信，未遑詳辯。然禮運曰：「夫禮之初始諸飲食。」意生民之始，飲食最重，不有物以節之，則強暴爭奪，生事必危。有智者出，率其羣徒，矯之以情，糾之就範，而禮起焉。即如禮字從豊，豊字從豆；豆者食肉之器，豊者行禮之器。皆見說文。可知禮器始自飲食，禮事昉諸給求，略見荀子禮論篇。禮名昭於報祭。循序以進，其來也漸，夏、殷、周三，各有因革；

故春秋傳曰：「名位不同，禮亦異數。」左傳莊公十八年。蓋凡禮官所職，不可不有資於正名之事。及積久貫習，世業專掌，乃以家稱。則名家之起，其最初出諸禮官，諒不誣矣。

惟西周以前，正名之舉，書缺有間，薦紳先生難言之。施及春秋，禮名佚缺，生民無所遵守；故孔子答子路爲政於衛，正名爲先，以謂「名不正則言不順，言不順則事不成，事不成則禮樂不興，禮樂不興則刑罰不中，刑罰不中則民無所措手足」。蓋正名之關於國家政化如此其重且大也。因又歎曰：「觚，不觚。觚哉！觚哉！」爲傷名之不正，乃懼而修春秋以道名分。如穀梁僖十九年傳曰：「『梁亡』，『鄭棄其師』，我無加損焉，正名而已矣。」楊士勛疏謂「仲尼脩春秋，亦有因史成文以示惡者」，是也。故孔子侍坐於季孫，季孫之宰通曰：「君使人假馬，其與之乎？」孔子曰：「吾聞君取於臣謂之取，不曰假。」季孫悟，告宰通曰：「今以往，君有取謂之取，無曰假。」孔子此處原有曰字，據新序雜事篇刪。正假馬之言，而君臣之義定矣。見韓詩外傳五。是以春秋書「隕石於宋，五。六鷁退飛，過宋都」。董仲舒曰：「春秋辨物之理以正其名，名物如其眞，不失秋毫之末。故名霣石則後其五，言退鷁則先其六。聖人之謹於正名如此！」春秋繁露深察名號篇。迨後戰國中世，私淑孔子者厥爲孟子。孟子自謂知言，公孫丑上篇。故其書七篇中類多辯正時君及時人之語。如梁惠王以利國爲問，則對以仁義；齊宣王好樂、好勇、好貨、好色，則對以與民同之：皆能明其所以然也。又如秦楚搆兵，宋牼將見其王說而罷之；孟子請聞其指，牼謂將言其不利。孟子曰：「先生之志則大矣；先生之號則不可。先生以利說秦楚之王，王悅於利以罷三軍之師，是士樂罷而悅於利也。以仁義說王，王悅於仁義而罷之，是士樂罷而悅於仁義也。是君臣父子兄弟去利懷仁義以相接也；然而不王者未之有也。何必曰利？」告子下篇。蓋其時百家之說並作，各弇於私，而楊墨爲甚，故孟子急以言距之曰：「楊氏爲我，是無君也；墨氏兼愛，是無父也。無父無君，是禽獸也。」言雖過激，而其督名正辭，以明聖王之道，固非常人所可及矣。戰國之季，效法孔子者復有荀卿。蓋卿之時尤多抗言競辯，非先自立不足以嚮人，故於稱名取類，尤擅卓見。嘗作正論以駁當時不合議論之言；又作正名以糾當時妄持名理之見。而正名一篇，更爲精思獨創。如云：「若有王者起，必將有循於舊名，有作於新名。」循舊名者，則謂「刑名從商，爵名從周，文名從禮，散名從諸夏成俗」。作新名者，則謂「所爲有名，與所緣以同異，及制名之樞要」。凡此皆正名之大端，後王不可不察者也。又有「用名亂名，用實亂名，用名亂實」之三惑，所謂離正道而擅作者，明君則知其分而能禁之矣。以上儒家之正名也。

老子曰：「道可道，非常道；名可名，非常名。無名，天地之始；有名，萬物之母。此兩者，同出而異名。」蓋老氏以謂萬事萬物，皆由相對而來，如道立而名生，無名生而有名起。故曰：「有無相生，難易相成，長短相形，高下相傾。」然此異名皆由比校；苟無比校，則善惡正猶唯阿，無甚別也。旣無甚別，孰若去其名而泯之；非然者，彼此是非皆爭矣。故曰：「始制有名。名亦既有，夫亦將知止。知止可以不殆。」是以老氏獨主無名，以爲「道常同尙。無名朴」。曰：「化而『欲』作，吾將鎮之以『無名之朴』。無名之朴，夫亦將『不欲』。不欲以靜，天下將自定。」太史談謂「光燿天下，復返無名」。史記自序。正此指也。自後莊列皆宗老氏，然以無名必難復反，故莊子曰：「因是因非，因非因是。……『因是』已。已而不知其然謂之道。」又舉譬諭以通之曰：「狙公賦芧，曰：『朝三而莫四。』衆狙皆怒。曰：『然則朝四而莫三。』衆狙皆悅。名實未虧而喜怒爲用，亦『因是』也。是以聖人和之以是非，而休乎天鈞，是之謂兩行。」蓋以是非既有，其名不去，亦任之耳。又列子有所謂「正」者，核卽正名之說也。史疾爲韓使楚，楚王問曰：「客何方所循？」曰：「治列子圉寇之言。」曰：「何貴？」曰：「貴正。」王曰：「正亦可爲國乎？」曰：「可。」王曰：「楚國多盜，正可以圉盜乎？」曰：「可。」曰：「以正圉盜，奈何？」頃間，有鵲止於屋上者；曰：「請問楚人謂此鳥何？」王曰：「謂之鵲。」曰：「謂之烏可乎？」曰：「不可。」曰：「今王之國有柱國、令尹、司馬、典令，其任官置吏，必曰『廉潔勝任』。今盜賊公行而弗能禁也，此烏不爲烏，鵲不爲鵲也。」見韓策二。以上道家之正名也。

申不害曰：「名者天地之綱，聖人之符。張天地之綱，用聖人之符，萬物之情，無所逃之矣。」又曰：「聖人貴名之正也。主處其大，臣處其細；以其名聽之，以其名視之，以其名命之。」羣書治要引大體篇。

韓非曰：「用一之道，以名爲首；名正物定，名倚物徙。故聖人執一以靜，使名自命，令事自定。」揚權篇。太史遷謂「韓子引繩墨，切事情，明是非」。韓非列傳。故其著書於名尤兢兢，嘗引古訓以證名之樞要，殆如粟麥之可以充飢而不可一日無也。其言云：「文公問箕鄭曰：『救餓奈何？』對曰：『信。』公曰：『安信？』曰：『信名。信名，則羣臣守職，善惡不踰，百事不怠。』」外儲說左上。蓋信名之極，必能執一以靜，故李悝法經以及蕭何漢律皆著名篇。至施之賞罰，則又須審合刑名。如韓非云：『人主將欲禁姦，則審合刑名者，言與事也。爲人臣者陳而同以。言，君以其言授之事，專以其事責其功。功當其事，事當其言，則賞；功不當其事，事不當其言，則罰。故羣臣其同之。言大而功小者則罰；非罰小功也，罰功不當名也。羣臣其同之。言小而功大者亦罰；非不說於大功也，以爲不當名之害甚於有大功，故罰。」二柄篇。以上法家之正名也。

墨子曰：「凡出言談由文學之爲道也，則不可而同以。不先立義即儀。法。若言而無儀，譬猶立朝夕於員鈞之上也，則雖有巧工，必不能得正焉。」非命中篇。蓋墨子嫻於名理，凡其生平所揭櫫，如尚賢、上同、兼愛、非攻、節用、節葬、天志、明鬼、非樂、非命諸端，其講論所及，未嘗不三復於名實之分，及仁與不仁、義與不義之辨。故曰：「今天下之所同義者，聖王之法也。今天下之諸侯將，猶多皆免勉省文。攻伐幷兼，則是有譽義之名而不察其實也。此譬猶盲者之與人同命白黑之名而不能分其物也，則豈謂有別哉?」非攻下篇。又曰:「今瞽曰:『鉅者白也,黔者黑也。』雖明目者無以易之。兼白黑,使瞽取焉,不能知也。故我曰『瞽不知白黑』者,非以其名也,以其取也。今天下之君子之名仁也,雖禹湯無以易之;兼仁與不仁,而使天下之君子取焉,不能知也。故我曰『天下之君子不知仁』者,非以其名也,亦以其取也。」貴義篇。以上墨家之正名也。

尸子曰:「明王之治民也,言寡而令行,正名也。君人者苟能正名,愚智盡情;執一以靜,令民自正,賞罰隨名,民莫不敬。」分篇。又呂氏春秋曰:「有道之主,其所以使羣臣者,正名審分,是治之轡已。故按其實而審其名,以求其情。今有人於此,求牛則名馬,求馬則名牛,所求必不得矣;而因用威怒,有司必誹怨矣,牛馬必擾亂矣。百官,衆有司也;萬物,羣牛馬也:不正其名,不分其職,而數用刑罰,亂莫大焉!」審分覽。以上雜家之正名也。自此以往,如陰陽、從横、兵、農、數術、方技、小説以及百家之學,正名皆其所重;而名家尤擅專長。

今案名家之學,多傳墨徒;名家之書,亦在墨子。蓋墨翟生當戰國之初,憫世論之譸張,乃控名而責實,益致辯乎言談。嘗曰:「翟誦先王之道而求其説,通聖人之言而察其辭。」公孟篇。故以厚德行、辯言談、博道術爲「賢良之士」;尚賢上篇。又以能談辯、能説書、能從事爲「爲義大務」。耕柱篇。蓋其生平重辯論而立儀法,尚功用而規實利。以謂「同歸之物,信有誤者」。貴義篇。乃曰:「言有三表:有本之者,有原之者，有用之者。於何本之？上本之於古者聖王之事。於何原之？下原察百姓耳目之實。於何用之？發以爲刑政，觀其中國家百姓人民之利。此所謂言有三表也。」非命上篇。三表以外，又嘗發明辯學論式。其組織之法在今小取篇，曰：「以名舉實，以辭抒意，以說出故；以類取，以類予。」蓋卽一辭爲「實名」二端，一辯有「辭、說、類」三物，以爲研討天下萬事之資也。迨後「實名」改爲「所效與效」，三物復擴爲「辭、故、辟、侔、推、援」六物。見小取篇。今考尚賢等二十餘篇中，其文似演講辭，而結構實多成自各物論式。雖當時範疇尚未一律，然大輅椎輪，其始規粗迹固可推勘而知也。蓋墨子精於言談，明而能別，辯論之際，道理現成，故其一生勤勞不休，上說下教，以期導人於義。嘗自謂「上說王公大人，次匹夫徒步之士。王公大人用吾言，國必治；匹夫徒步之士用吾言，行必修。」魯問篇。意其立言不苟，故自信如是。

夫墨子顯學也，徒屬彌衆，弟子彌豐，而顯榮於天下者甚衆；然其以談辯著稱者，殆無過於相里、祖夫、鄧陵三子。三子皆親炙墨子之教，復各以其所得轉授諸徒。今天志、上同、節用、兼愛、非攻諸義，皆分作上中下之三者，以三子之門人所記，後乃撰輯而編成者也。至今存經說四篇，自來多謂墨子所爲，或惠施公孫龍輩所作，皆屬似是而非之論，殆未嘗深究其源，明察其實故耳。蓋經上與經說上、經下與經說下，原均論式所組成，卽亦論式之例證，不可強爲分離。竊意墨子之說，經上說上當有存者，然太半當爲三子所傳述而又有其精進者焉；若經下說下，類多三子自修所得，則有非墨子所及見者矣。大氐經說論式，肇始墨子，以立名本；嗣由三子昌大其業，授之門人。逮其晚年，深恐文繁忘用，徒斂精神於形式，乃結集刪定爲經上經下二篇以資法守。名曰墨經，蓋卽當時三墨徒屬所俱誦之物，故不篇判爲三也。三墨卒後，門人小子雜集緒餘，望經錄說，以成經說上經說下；本說而稱經說者，以說由經文照錄故也。然自此以後，經概爲論式之辭，而故、辟、侔、推、援五者舉稱爲說，且分篇錄存，而論式組織遂莫能反本。蓋名家越世十數紀，取精用宏，以成此推槩天下萬事之公器，竟於無意中摧毀之矣。然亦全賴有此，合而觀之，尚可得其大略。且三墨後學研尋誼旨，推其究極，復由六物論式以成「辭、故、理、類」見大取篇末。之四物，實爲墨辯改進之極功。蓋不獨此已也，卽如兼愛之說，自墨子講論時，則曰：「聖人以治天下爲事者也，不可不察亂之所自起。當察亂何自起，起不相愛。……子自愛，不愛父，故虧父而自利；弟自愛，不愛兄，故虧兄而自利；臣自愛，不愛君，故虧君而自利：此所謂亂也。雖父之不慈子，兄之不慈弟，君之不慈臣，此亦天下之所謂亂也。……皆起不相愛。若使天下兼相愛，國與國不相攻，家與家不相亂，盜賊無有，君臣父子皆能孝慈，若此則天下治。」兼愛上篇。「故兼者聖王之道也，王公大人之所以安也，萬民衣食之所以足也。故君子莫若審兼而務行之：爲人君必惠，爲人臣必忠，爲人父必慈，爲人子必孝，爲人兄必友，爲人弟必悌。故君子若欲爲惠君、忠臣、慈父、孝子、友兄、悌弟，當若兼之不可不行也。」兼愛下篇。其說至爲淺顯。及三墨存經時則曰：「無窮不害兼。說在盈否。」「不知其數而知其盡也。說在問者。」「不知其所處，不害愛之。說在喪子者。」經下。其義較前爲深。而三墨後學乃益暢言之曰：「愛衆世與愛寡世相若；兼愛之，又相若。愛尙世與愛後世，一若今世之人。」較前又益進矣。蓋名家成立，由於墨子，而大盛於三墨之徒。故其論式構造，先爲六物而後爲四物；又以前論式，不顧物詞多少，總稱曰辯，迨後則曰一辭三辯。其間源流程序，雖不甚明；若由學術類推，其遞嬗精進之迹，未嘗不可考而原也。由是以觀，則墨子以後，三墨及其門徒實足以奪名家正宗之席；而源遠流長，墨學亦駸駸乎其衰矣。蓋自古代以至於戰國，歷時彌久，而名家之學，累代傳承，磅礴鬱積，遂舉集於三墨之徒。於是三墨之徒，以墨爲學者十之三，而名爲學者十之五；流風所扇，餘波相盪，天下之治方術者，莫不攘臂抵掌，馳騖爭談名實焉。

惠施者五車書亡，踳駁莫驗；然觀「厤物之意」，亦三墨之後學，名家之大師也。其他如儒家之荀卿，雖常駁斥名墨；然其「正名」之作，大氐取諸名家。故墨子經上曰：「名，達，類，私。」又說上曰：「物，達也，有實必待文多也命之；馬，類也，若實也者必以是名也命之；臧，私也，是名也止於是實也。」而荀卿則曰：「故萬物雖衆，有時而欲徧舉之，故謂之物；物也者大共名也。推而共之，共則有同又。共，至於無共然後止。有時而欲偏舉之，故謂之鳥獸；鳥獸也者大別名也。推而別之，別則有同又。別，至於無別然後止。」由今以觀，其文雖不同，其義則卿竊取之矣。

雖然，世無孤立之理，物有反動之機。遠迹古昔，賢哲代有；學術授受，轉變無窮。故墨家諸子，兼習名家；而名家之外，形名並立。吁！古今事理演化之際，其間不可究詰者多矣，蓋自然發展如此。惟形名初祖，無從考知。春秋之時，當推鄧析。析本巧辯，學雜不純，執法殺身，學幾中絶。迨至戰國，尹文、桓團、兒說、公孫龍等應運而興，可其不可，然其不然，堅白離之，同異合之，苛察繳繞，專決於名，舉凡名家所立，類皆破斥無餘矣。然形名之學，至公孫龍始稱美善，假蓋代之資，鼓如簧之舌，名家當之，視同勁敵，而百家之學，宜其拉朽摧枯也。龍居於趙，徒屬頗衆，亦極一時之盛。

總而言之，名與正名、名本、形名三者之推衍嬗代，實爲我國古今學術變遷之極大樞紐。苟三者不明，不獨墨家與名家之兼通、名家與形名之各異不可得知，而戰國諸子爭鳴，彼此立破，是非蠭起，得失莫衷，其辯言正辭，將必無由朗澈，尚烏覩所謂周秦間學術之論列也哉？

公孫龍子形名發微

流別第七

形名一派，苛察繳繞，刻削無倫，說之難持者也。晚周唯公孫龍專其所學，以集大成，可稱極盛！然並世各家，詰難蠭起，僅數十年，其學遽息。衡以楊墨言盈天下，不久寖衰，無足怪也。惟其立言深浚，通曉維艱，當時究其學者，或亦較少。今載籍殘缺，不無湮沒，而淵源所自，就其碻可考見者，公孫龍前，僅有鄧析一人；略前或同時者，尹文、田巴、兒說、桓團、毛公五人；附非同派一人。門徒爲綦母子之屬。附非門徒一人。後此明其學者，漢之桓譚，晉之魯勝，唐之王師政三人；習其辯者，漢之東方朔，魏之爰俞二人；道其論者，晉之阮裕一人；證其理者，唐之張游朝一人；注其書者，唐之陳嗣古賈大隱，宋之謝希深，此有疑。明之傅山，清之陳澧，五人而已。凡評點如歸有光、校勘如俞樾、孫詒讓等不錄。凡諸纂述，今惟公孫龍子六篇內跡府第一非原文。及謝、疑即陳賈所注。傅、陳注尚存，餘均散佚。是以徵討獨難，論列匪易，爰絜綱要，立表明之。

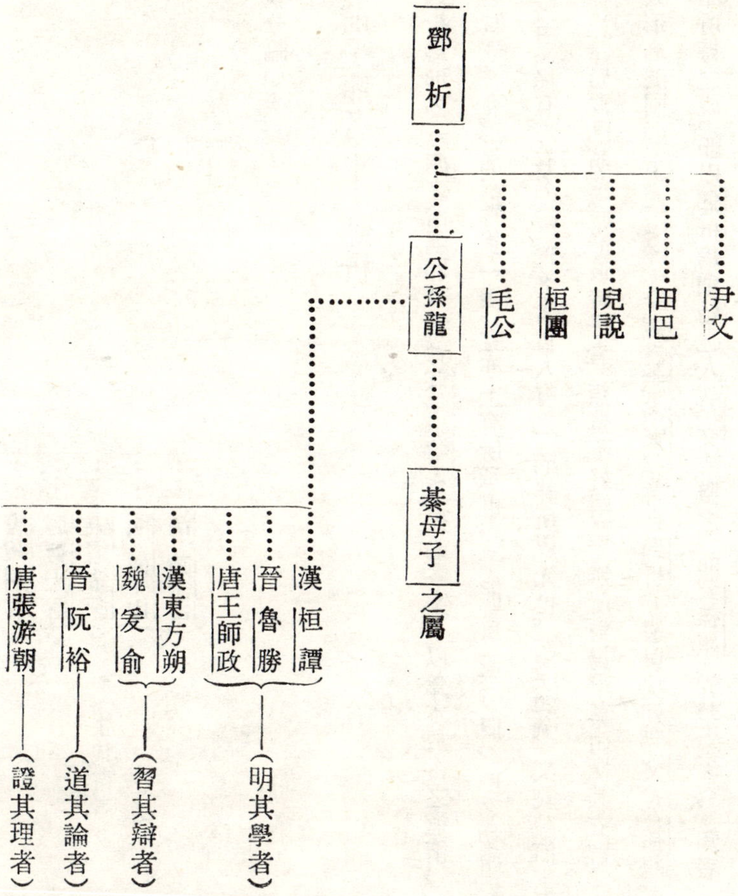
鄧析
尹文
田巴
兒說
桓團
毛公
公孫龍
綦母子之屬
漢桓譚
晉魯勝
唐王師政
（明其學者）
漢東方朔
魏爰俞
（習其辯者）
晉阮裕
（道其論者）
唐張游朝
（證其理者）

唐陳嗣古
唐賈大隱
宋謝希深 ——（注其書者）
明傅山
清陳澧

茲據右表分論如次：

（一）前乎龍者——鄧析

曷言乎鄧析爲形名一派之前驅邪？嘗考莊子天下篇推論各家，以爲本於古之道術；劉向歆班固亦謂出於古之官守。今形名家獨揭一幟，宜亦上有所承也；子能言之與？曰：形名初祖，荒遠難稽。莊子云：「故書曰：『有形有名。』形名者古人有之，而非所以先也。」見天道篇。文義疏簡，未能確知。然模略其時，春秋一代，當已萌茁。惟彼時學者，類皆不好辯給，無所對揚，莫由探其玄旨。史序漢志所論名家，輒與形名混同。已見前名通篇。今觀漢志名家，首列鄧析，覈與次列尹文、公孫龍、毛公皆屬形名；且並求諸所持之說，卽以鄧析爲創始之人，尹文輩繼之，而公孫龍殆其正宗矣。知者，劉向謂鄧析所論「無厚」與公孫龍同類。說詳後文。又別錄謂「鄧析好刑名」，刑皆通形，下同。孔叢子亦謂「公孫龍好刑名，以白馬爲非馬」，而趙策蘇子謂秦王有曰：「夫刑名之家，皆曰白馬非馬也。」然則析龍皆形名家耳。

莊子天地篇載夫子釋文云：「仲尼。」問於老聃此疑爲老彭之聲轉，聃彭二字聲類本通也。別詳舊作老彭傳說之譌變。曰：「有人治道若相放：可不可，然不然。辯者有言曰：『離堅白若縣寓。』」斯言也，是否孔子所問，固不得知；疑本當時舊說，學者口傳，迨後莊子引之以爲遮撥地耳。莊多寓言，然未必全書如是。蓋重言爲眞者十七，此類似之，以其說有可證成之處耳。如呂覽離謂篇略云：「鄧析致書，倚書，子產令無窮，鄧析應之亦無窮。是『可不可』無辯也。」全文見後。荀子儒效篇云：「不卹是非『然不然』之情，以相薦撙，以相恥怍，君子不若鄧析。」則所謂「有人治道，可不可，然不然」者，卽鄧析也。又墨子經下第十四條云：「宇久不堅白。無久與宇，堅白。說在因。」可參閱墨辯發微本條。此其爲說，正駁「離堅白若縣寓」之一言。蓋寓卽兼久言，或本脫一久字，久卽宙也。彼時辯者以堅白之分離，取譬於寓久之縣隔，故曰「離堅白若縣寓久」。卽懸宇宙。但名家非之，以謂宇久固不可懸隔，而堅白亦斷不可分離。宇久二者，雖常聯繫以爲存在，究不待他物爲之依附。若堅白不然，二者必待有石而後見。石之存在，卽堅白之存在；石苟無之，堅白何有？是以宇久與堅白，非有連誼可言，故曰「宇久不堅白」。由今以觀，設辯者先無此言，則經下云云，文意何屬，無從索解。然則孔子時之所謂「辯者」，意指鄧析輩言也。且鄧析之後，形名最著者莫如公孫龍。而龍自謂「少學先王之道，長而明仁義之行；合同異，離堅白；可不可，然不然。」見莊子秋水篇。是龍之遠祧乎析，可以斷言。竊意「可不可，然不然」，爲析龍輩治道之方。「離堅白若縣寓」，卽爲鄧析所創之說；後經名家駁詰，龍遂祇言「離堅白」而不取譬於「縣寓久」矣。推是言之，形名之學，鄧析可謂始事之人。孔子之卒，在析後二十年，析生當先於孔子。或當時孔子本影射鄧析以問老彭，卽論語「竊比於我老彭」，詳舊作二老研究。驚其異說，疑爲「聖人」，固未可知也。

荀子不苟篇云：「山淵平；天地比；齊秦襲；入乎耳，出乎口；疑作山出乎口。鉤有鬚；卵有毛：是說之難持者也，而惠施鄧析能之。」按「山淵平，天地比」，正與莊子天下篇「天與地卑，山與澤平」同義。而「天與地卑，山與澤平」既屬惠施「厤物之意」，則「山淵平，天地比」當卽惠施之語。荀子正名篇亦有山淵平句，楊注謂卽惠子之言。其他「齊秦襲；入乎耳，出乎口；鉤有鬚；卵有毛」，不屬惠施，必屬鄧析。而「卵有毛」見於天下篇；其「齊秦襲；入乎耳，出乎口；鉤有鬚」，又與天下篇「郢有天下，山出口，丁子有尾」各辭立意差近。可參閱楊倞注。今考「卵有毛；郢有天下；山出口；丁子有尾」，原爲桓團公孫龍辯者之徒以之與惠施相應之物。則團龍所持之「卵有毛」，當卽遠承鄧析；而「郢有天下；山出口，丁子有尾」各辭，亦必由「齊秦襲；入乎耳，出乎口；鉤有鬚」各辭胎息而來。若是，則龍之學出於鄧析似無疑矣。

荀子非十二子篇之論鄧析曰：「不法先王，不是禮義；而好治怪說，玩琦辭；甚察而不惠，辯而無用，多事而寡功；不可以爲治綱紀。然而其持之有故，其言之成理，足以欺惑愚衆。」莊子天下篇之論桓團公孫龍曰：「辯者之徒，飾人之心，易人之意。能勝人之口，不能服人之心，辯者之囿也。」列子仲尼篇亦云：「公孫龍之爲人也，行無師，學無友；佞同接，假爲捷。給而不中，漫衍而無家；怪而妄言，欲惑人之心，屈人之口。」斥責之聲，幾無二致。而淮南詮言篇曰：「公孫龍粲於辭而貿名，鄧析巧辯而亂法。」更以析龍等量而並稱。然則二子之前後關係，不難判然明矣。

綜覈莊荀諸家之說，鄧析之爲形名初祖與否，固不可必知；要其爲尹文、桓團、公孫龍輩之先進，義據焯然，決可徵信而無疑矣。因搜輯殘叢，爲之傳略如左。

鄧析，鄭大夫，左定九年杜注。與子產並時。漢志原注。好刑名，操兩可之說，設無窮之辭，荀子不苟篇楊注引劉向別錄，又列子力命篇。故巧辯亂法。淮南子詮言篇。鄭國多相縣以書者，子產令無縣書，鄧析致之；子產令無致書，鄧析倚之。令無窮，則鄧析應之亦無窮矣。洧水甚大，鄭之富人有溺者。人得其死同屍。者，富人請贖之，其人求金甚多。以告鄧析，鄧析曰：「安之！人必莫之賣矣。」得死者患之，以告鄧析，鄧析又答之曰：「安之！此必無所更買矣。」又與民之有獄者約，大獄一衣，小獄襦袴；民之獻衣襦袴而學訟者，不可勝數。以非爲是，以是爲非，是非無度，而可與不可日變。所欲勝因勝，所欲罪因罪。鄭國大亂，民口讙譁。上三節皆見呂覽離謂篇。後節與荀子正名篇楊注所引新序略同，但今本新序無此文。衛有五丈夫，負缶入井，灌韭，終日一區。鄧析過，下車教曰：「爲機，重後輕前，命曰『桔槔』，終日溉百區。」五丈夫曰：「吾聞師言：『有機智之巧，必有機智之心。』我不爲也。」初學記卷七第六引說苑。按此文見說苑反質篇，較繁也。又與莊子天地篇「子貢過漢陰，見一丈人方將爲圃畦」一節略同。蓋鄧析雖辯慧之士哉，亦嘗見難於圃澤之役伯豐子之從者，豈非知之與能有所窮邪！事見列子仲尼篇。魯定公八年，鄭駟歇嗣子大叔爲政。明年，鄧析欲改子產所鑄刑鼎舊制，私造刑法，書之於竹簡，曰「竹刑」；於是歇乃用其竹刑而殺鄧析。見左傳及杜注。或謂子產誅鄧析，非也。荀子宥坐、呂覽離謂、列子力命、說苑指武各篇，皆云子產誅鄧析。案子產卒於昭公二十年，死在鄧析之先，何得誅析？諸說皆誤傳也。劉向校讎書錄、荀子不苟篇楊注、漢志名家顏注，皆已辯之。所著書，漢劉向校錄爲二篇，入名家。按漢志名家鄧析二篇，隋志舊新唐志皆一卷，意林一卷二篇。今本無厚、轉辭，諒即原書篇目。書前向有奏云：「其論無厚者，言之異同，與公孫龍同類。」蓋當向時，析書未經竄易，故能言之如此。按向奏近人多謂僞作，似不然；但有竄奪耳。蓋奏謂析言無厚，與龍同類，意必目驗原書，方出此言。否則墨家言無厚，著於經說；惠施言無厚，載於莊子。向宜見之，皆不援據，乃獨引龍說邪？因知向當校錄時，析書並全，故能言之鑿鑿也。縱令向奏本僞，其作僞者亦必及見析之原編，方能言此，則與予說仍無牾矣。今無厚篇駁雜不倫，龍所言「無厚」亦佚，末由質定。惟轉辭篇有云：「夫言之術：與智者言依於博，與博者言依於辯，與辯者言依於安；與貴者言依於勢，與富者言依於豪，與貧者言依於利；與勇者言依與敢，與愚者言依於說：此言之術也。」又云：「故無形者有形之本，無名者

有名之母。二名字今均誤作聲。循名責實，實之極也；按實定名，名之極也。參以相平，轉而相成，故得之形名。」又云：「明君之督大臣，緣身而責名，緣名而責形，緣形而責實。」凡此頗似析語。其他亦有法家之言，蓋鄧析所兼通者；雖不必全僞，然太半剿取羣籍，少足采也。

(二)略前或同時者

甲　尹文

漢志名家：「尹文子一篇。」班固曰：「說齊宣王，先公孫龍。」按說苑君道篇載尹文與宣王問答，班蓋據此。然呂覽正名篇又載尹文與湣王問答。考齊宣王喜文學游說之士，且數百千人，皆居稷下，賜列第爲上大夫者七十六人，不治政事而議論。湣王時，學士更盛，至數萬人；尹文卽其一也。故顏師古引劉向云：「文與宋銒俱遊稷下。」莊子天下篇亦以宋銒尹文並稱，知向說不誤。因疑尹文嘗生於威王在位三十六年。中葉，宣凡十九年。湣凡四十年。之間，嘗遊稷下，迭有問答。若卒於湣王末年，壽亦七十上下，先公孫龍約三四十歲。今本尹文子有仲長氏序云：「尹文子者，蓋出於周之尹氏。齊宣王時，居稷下，與宋銒、彭蒙、田駢同學於公孫龍。」按晁公武郡齋讀書志謂文非學於龍；宋景濂諸子辨亦謂仲長氏序爲後人依託，固不足據。而洪邁容齋五筆論尹文子，竟謂劉歆云「其學本於黃老，居稷下，與宋銒、彭蒙、田駢等同學於公孫龍」。考唐馬總意林曰：「尹文子二卷，劉歆注。」或宋時亦傳有劉歆僞注本，洪氏卽據以爲言與？

今本尹文子二卷，與隋志合，唐志僅爲一卷，似皆非漢志一篇之舊。自來學者皆稱尹文書僞作。今考其文，所論形名間有精語，故高誘稱其「作名書一篇」，呂覽正名篇注。莊子天下篇謂其「接萬物以別宥爲始」。蓋就正名檢形、辨察名分而言，知其非全屬贋鼎。大氐魏晉間人，襲錄尹文殘缺及其他類似之言，增竄而成者。又以其稱引衍復，析爲二篇，作爲二卷；隋志照錄之，唐志又合爲一卷耳。羣書治要錄其篇名曰大道，曰聖人。因上篇首有「大道無形」句，下篇首有「聖人錯而不言」句，故以名篇。而道藏本題「大道上」，「大道下」，篇名既改，文必再羼。錢熙祚謂「唐人引尹文子，多今本所無」，見守山閣叢書校勘記。則今本又非隋唐之舊矣。今簡錄其契於形名者；其他政法之說，不暇及也。

「大道無形，稱器有名。名也者正形者也；形正由名，則名不可差。……大道不稱，衆有必名。形今補。生於不稱，則羣形自得其方圓；名生於方圓，則衆名得其所稱也。……有形者必有名，有名者未必有形。形而不名，未必失其方圓白黑之實；名而不形，二字今補。不可不尋名以檢其差。故亦有名以檢形，形以定名；名以定事，事以檢名。察其所以然，則形名之與事物無所隱其理矣。名有三科：一曰命物之名，方圓白黑是也；二曰毀譽之名，善惡貴賤是也；三曰況謂之名，賢愚愛憎是也。……名者，名形者也；形者，應名者也。然形非正名也，名非正形也。此二正字義同卽。則形之與名，居然別矣，不可相亂，亦不可相無。……今萬物具存，不以名正之則亂；萬名具列，不以形應之則乖。故形名者不可不正也。」又云：「語曰『好牛』，好則物之通稱，牛則物之定形。以通稱隨定形，不可窮極者也。設復言『好馬』，則彼連於馬矣，則『好』所通無方也。設復言『好人』，則彼屬於人矣。則好人，非人、非好也。原作『則好非人，人非好也』，正與跡府『色非形，形非色也』同一錯誤。今改正。則好牛、好馬、好人之名自不離矣。原缺不字，與上文牾，今以意補。故曰名分不可相亂也。」

乙　田巴

田巴罕見於諸子書中。據史記魯仲連傳正義及太平御覽卷四百六十四所引，知其爲齊人。嘗議於稷下，蓋亦宣滑間辯士也。馬國翰輯有魯連子，玉函山房輯佚書中。其一節曰：「齊之辯士曰田巴，辯於狙邱而議於稷下，毀五帝，罪三王，訾五伯，離堅白，合異同，一日而服千人。有徐劫者，其弟子曰魯仲連，謂劫曰：『臣願當田子，使之不敢復談可乎？』徐劫言之田巴曰：『劫弟子年十二耳，然千里之駒也，願得侍議於前。』田巴曰：『可。』魯連往謂田巴曰：『臣聞堂上之糞不除，郊草不芸；白刃交前，不救流矢。何則？急者不救，則緩者非務。今楚軍南陽，伐高唐，燕人十萬衆在聊城而不去，國亡在旦暮耳。先生將奈何？』田巴曰：『無奈何。』魯連曰：『夫危不能爲安，亡不能爲存，則無爲貴學士矣。今臣將罷南陽之師，還高唐之兵，卻聊城之衆。爲貴所談，談者其若此。先生之言，有似梟鳴出城（城原作聲，茲據正義。）而人惡之。願先生勿復談也。』田巴曰：『謹聞教。』明日見徐劫曰：『先生之騎，乃飛兎腰褭也，豈特千里駒哉！』於是杜口易業，終身不復談。」按田巴所議者「離堅白，合異同」，正形名家之言也。

丙　兒說

韓子外儲說左上云：「兒說，宋人善辯者也，持白馬非馬也，服齊稷下之辯者。乘白馬而過關，則顧白馬之賦。故藉之虛辭，則能勝一國；考實按形，不能謾於一人。」（按白馬過關，又謂爲公孫龍之事，詳後纂餘篇。）又文選演連珠劉峻注云：「倪惠以堅白爲辭，故其辯難繼。」按倪惠者，兒說惠施也。兒倪通用字。兒說白馬非馬及堅白之辭，今已全佚；然自韓非至孝標時，其說固自存也。

兒說又有解閉一事，至可尋翫，附錄於此。

淮南說山篇云：「兒說之爲宋王解閉結也。」又人間篇云：「夫兒說之巧，於閉結無不解也。非能閉結而盡解之也，不解不可解也。至乎以弗解解之者，可與反言論矣。」說有弟子亦能解閉。呂氏春秋君守篇云：「魯鄙人遺宋元王閉。元王號令於國：『有巧者皆來解閉。』人莫之能解。兒說之弟子請往解之。乃能解，其一；不能解，其一。且曰：『非可解而我不能解也，固不可解也。』問之魯鄙人，鄙人曰：『然，固不可解也。我爲之而知其不可解也，今不爲而知其不可解也，是巧於我。』故如兒說之弟子者，以不解解之也。」

丁　桓團

列子仲尼篇作韓檀，一聲之轉也。莊子天下篇：「卵有毛。雞三足。郢有天下。犬可以爲羊。馬有卵。丁子有尾。火不熱。山出口。輪不蹍地。目不見。指不至。至不絕。龜長於蛇。矩不方。規不可以爲圓。鑿不圍枘。飛鳥之景未嘗動也。鏃矢之疾，而有不行不止之時。狗非犬。黄馬驪牛三。白狗黑。孤駒未嘗有母。一尺之捶，日取其半，萬世不竭。辯者以此與惠施相應，終身無窮。桓團公孫龍辯者之徒，飾人之心，易人之意。」成玄英疏云：「團龍並趙人，皆辯士也，客游平原君之家。」列子云：「有意不心。有指不至。『有物不盡』。有影不移。按一二四各句上之有字，疑涉第三句誤衍。有物二字當連讀。髮引千鈞。白馬非馬。孤犢未嘗有母。」其上文有「公孫龍與韓檀等肄之」之言，張湛注：「共習其業。」蓋二人所共習者，列之七事、莊之二十三事皆是。近人謂惠施於龍，年事差先，不致親相辯難。余以爲團或長於龍而親見施，因而施團逞其口談，作書者舉團，連類以及龍與？抑施以耆艾而及見少壯之龍與？未可決矣。

戊　毛公

漢志名家：「毛公九篇。」班固曰：「趙人，與公孫龍等並游平原君趙勝家。」顏師古引劉向別錄云：「論堅白同異，以爲可以治天下。此蓋史記所云『藏於博徒』者。」按隋志毛公不著錄，知佚已久。劉向謂其「論堅白同異，以爲可以治天下」，置之名家。然班氏謂其「與龍等並游平原君家」，且與跡府所謂「龍欲推白馬非馬之辯以正名實而化天下」之意相同，知其同游又同道也。今定爲形名家。

按史記信陵君傳：「魏公子聞趙有處士毛公藏於博徒，薛公藏於賣漿家，乃閒步往，從此兩人游甚歡。」後又載兩人勸公子歸救魏事。著書者蓋卽其人，非自薦之毛遂也。

附非同派一人——魏牟

列子仲尼篇云：「中山公子牟者，魏國之賢公子也；而悅趙人公孫龍。樂正子輿曰：『子，龍之徒。』」張湛注云：「公子牟，文侯子，作書四篇，號曰道家。魏伐得中山以邑子牟，因曰中山公子牟也。」然荀子非十二子篇楊倞注云：「韓詩外傳作范魏牟。牟，魏公子，封於中山。漢書藝文志道家有『公子牟四篇』。班固曰：『先莊子，莊子稱之。』今莊子有公子牟稱莊子之言以折公孫龍，據即與莊子同時也。又列子稱公子牟解公孫龍之言，公孫龍，平原君之客；按此八字，疑後人增。而張湛以爲文侯子，據年代，非也。說苑曰：『公子牟東行，穰侯送之。』按趙策三：『公子牟游於秦，且東，而辭應侯。』殆傳聞異也。未知何者爲定也。」沈欽韓曰：「按平原君時，文侯沒且百年，不得爲文侯子也。」案趙策三言魏牟過趙，覈在秦圍邯鄲之後，則龍牟爲同時人。且意龍牟友善，幾同莊惠之交，故列子載牟與樂正子輿問答，輒迴護龍說，子輿因謂牟爲龍之徒黨也。然牟屬道家，雖與龍契，仍非同派，觀莊子秋水篇載牟稱莊子之言以折龍，可以知其概矣。別詳後纂餘篇。

（三）門徒——綦母子之屬

史記平原君傳集解引劉向別錄云：「齊使鄒衍過趙，平原君見公孫龍及其徒綦母子之屬，論白馬非馬之辯，以問鄒子。」按綦母，複姓，見通志。此綦母子佚其名。

按淮南道應篇略云：「昔者公孫龍在趙之時，謂弟子曰：『人而無能者，龍不能與游。』有客衣褐帶索而見曰：『臣能呼。』公孫龍曰：『與之弟子之籍。』」據此，龍之門下弟子，凡有一伎之長者無不在籍，則其徒屬必極盛也，惜皆名沒不傳於今耳！

附非門徒一人——孔穿

列子仲尼篇云：「子輿曰：『吾笑龍之詒孔穿。』」張湛注：「孔穿，孔子之孫。世記云：『爲龍弟子。』」又莊子秋水篇載「公孫龍問於魏牟」云云，成玄英疏云：「公孫龍生於衰周，一時獨步。弟子孔穿之徒祖而師之，擅名當世，莫與爭者。」按世記書亡，不知何據。若照前跡府所載穿與龍會及汜論、深辯各節，則穿非龍之弟子甚明；然其沿誤殆亦由此。

按呂覽淫辭篇高誘注：「公孫龍孔穿皆辯士也。」則漢人亦不以穿爲龍弟子矣。

(四)後乎龍而明其學者——

甲　桓譚

太平御覽四百六十四人事部引桓譚新論曰：「公孫龍，六國時辯士也，爲守白之論；守白，原作堅白，與下文語意不合，此殆後人以龍書祇有堅白論無守白論而妄改之耳。假物取譬，謂白馬爲非馬。非馬者，言白所以名色，馬所以名形也。色非形，形非色。」據鮑刊本。嚴可均輯全漢文，以此歸入新論雜事篇中。茲援此文以與跡府前段相較，其上半正同，特稍多三數語耳。若御覽所引新論，於原文果有刪節，則今跡府前段全屬譚作無疑。考後漢書本傳言「譚數從劉歆揚雄辯析疑異」。譚生西漢末年。故王充論衡超奇篇曰：「桓君山作新論，論世間事，辯照然否；虛妄之言，僞飾之辭，莫不證定。」蓋譚性耽辯證，故於龍書白馬論甄明精要，定爲「守白」，殆非熟研其學者不爲功也。

乙　魯勝

晉書隱逸傳載魯勝墨辯注敘有云：「墨子著書，作辯經以立名本。惠施公孫龍祖述其學，以正『刑同形。名』顯於世。」按惠施紹名家之學，而公孫龍治形名之學，二者相反，實可相成。以「形名」於「名」，正莊子所謂「治道若相放」者也。勝乃施龍並言，雖考之未析，亦援古籍之舊稱爾。敘又云：「自鄧析至秦時名家者，此名家者，猶云以一家之學自名者。世有篇籍，率頗難知。後學莫復傳習，於今五百餘歲，遂亡絕。……又採諸衆雜集爲刑名二篇，按玉海藝文諸子類作形名二篇。略解指歸，以俟君子。」按形名二篇，隋志既不著錄，則亡佚已久。書中所言，雖無從考索，然勝必精於形名與名家之學無疑也。

按阮孝緒七錄廣弘明集三引。名部九種，中有「刑聲論一卷」。又隋志名家亦載「梁有刑聲論一卷，亡。」刑聲二字連文，不甚可解。或晉代以後，喜避先諱，聲名二字，古本通用，因易刑名爲刑聲與？

但其書未言何人所著。

丙　王師政

文苑英華卷七百五十八雜論上載有「擬公孫龍子論」一首，作者失其名氏。其文曰：「公孫龍者，古人之辯士也。嘗聞其論，願覩其書。咸亨二十年，歲次辛未，十二月庚寅，僕自嵩山遊於汝陽，有宗人王先生，名師政，字元直，春秋將七十，博聞多藝，安時樂道，恬澹浮沈，罕有知者；僕過憩焉，縱言及於指馬，因出其書以示僕，凡六篇，勒成一卷。」全文詳後評證篇。按咸亨爲唐高宗第七次改元，越四年又改；其「二十年」應衍十字，蓋咸亨二年正次辛未耳。王師政，他無所考。其於龍書，老年篤好，縱談指馬，當卽今之指物白馬二篇之理也。又作者稱「宗人王先生」，蓋亦王氏也，惜其名不傳。

又按北齊書杜弼傳：「弼性好名理，探味玄宗，……注老子道德經二卷。……又注莊子惠施篇、易上下繫，名新注義苑，並行於世。」考莊子今無惠施篇；惟天下篇末「惠施多方」以下，當卽惠施篇原文，或爲李頤作集解時所糅合者，弼所注殆卽此也。詳舊作莊子古注考。弼耽名理，雅解施龍之說，自詡曰新注義苑，必有可觀。書終不傳，令人恨歎！

（五）習其辯者

甲　東方朔

鹽鐵論褒賢篇云：「東方朔自稱辯略，消堅釋石，當世無雙。」所謂消堅釋石，卽離堅白之說也。漢書朔傳謂「朔口諧辭給，詼達多端」。故桓譚新論云：「察慧如公孫龍，敏給如東方朔。」羣書治要所引。龍朔並稱，知其持說有所襲取矣。

乙　爰俞

三國魏志鄧艾傳注引荀綽冀州記曰：「爰俞，字世都，清貞貴素，辯於論議；采公孫龍之辭，以談微理。」

按魏志鍾會傳：「及壯，有才數技藝；而博學，精練名理。」又云：「會嘗論易無互體、才性同異。及會死後，於會家得書二十篇，名曰道論，而實刑名家也，其文似會。」注引何劭王弼傳曰：「弼與鍾會善，善論議，以校練爲家。」按會精練名理，疑亦形名家；然或刑名法術家，亦未可定，姑附於此。

按此外習知形名之說者，如抱朴子外篇應嘲篇云：「有似堅白廣原誤作厲。修之書，公孫刑名之論。」張湛注列子仲尼篇「白馬非馬」云：「此論見存，多有辨之者。辨之者皆不弘通，故闕而不論也。」是晉人尚知龍爲形名家，且辯之者多矣。又魏劉邵趙都賦云：「論折堅白，辯藏三耳。」御覽四百六十四引。梁劉孝標廣絕交論云：「騁黃馬之劇談，縱碧雞之雄辯。」見文選卷五十五引。堅白藏三，皆爲龍學；碧雞黃馬，皆見龍書。此用之於辭章，則讀其書者諒亦不少矣。白孔六帖三引莊子，有「碧雞之詞」一語，疑莊子逸篇中有龍遺說也。

(六)道其論者——阮裕

宋王義慶世說新語文學篇云：「謝安年少時，請阮光祿道白馬論，爲論以示謝。於時，謝不即解阮語，重相咨盡。阮乃歎曰：『非但能言人不可得，正索解人亦不可得。』」劉孝標注引中興書曰：「裕甚精論難。」按晉書：「裕爲阮籍族弟，字思曠，雖不博學，論難甚精。嘗問謝萬云：『未見四本論，君試爲言之。』萬敍說既畢，裕以傳嘏爲長。於是構辭數百言，精義入微；聞者皆嗟味之。」據此，裕蓋善辯之士，而究白馬非馬之學者；特解人難索，自昔已然矣。

按文學篇又云：「鍾會撰四本論。」注引魏志曰：「會論才性同異傳於世。四本者：言才性同，才性異，才性合，才性離也。尚書傅嘏論同，中書令李豐論異；侍郎鍾會論合，屯騎校尉王廣論離。」

考南史隱逸顧歡傳云：「會稽孔珪嘗登嶺尋歡，共談四本。歡曰：『蘭石按傅嘏之字。危而密，宣國李豐之字。安而疏，士季鍾會之字。似而非，公深王廣原字公淵，後避唐諱改。謬而是。』」

（七）證其理者——張游朝

唐書藝文志道家：「張游朝南華象罔說十卷；又冲虛白馬非馬證八卷。」又隱逸傳：「張志和父游朝，通莊列二子書，爲象罔白馬證諸篇佐其說。」按天寶元年，詔號列子爲冲虛眞經；張所證者爲「冲虛白馬非馬」，當卽今列子仲尼篇所載七辭之一。但一辭所證至八卷之多，頗足駭怪。蓋彼時龍書白馬之論頗盛，質難引證，記述煩猥；張氏承其流風，故得纂輯宏富也。詳後。

（八）注其書者——

甲　陳嗣古、賈大隱

舊唐書經籍志名家：「公孫龍子三卷，公孫龍撰。又一卷，賈大隱注。又一卷，陳嗣古注。」新唐書藝文志名家類：「公孫龍子三卷。陳嗣古注公孫龍子一卷。賈大隱注公孫龍子一卷。」

按隋書經籍志名家不著錄公孫龍子，道家有「守白論一卷」，蓋卽龍書。桓譚謂「公孫龍爲守白之論」，成玄英謂「公孫龍著守白論，見行於世」，見莊子天下篇疏，又見齊物論秋水等疏。皆可爲證。雖然，漢志公孫龍子，並無異名。至譚言龍爲守白之論，亦非謂龍全書名守白論也；而玄英乃始確稱龍著守白論。譚爲漢光武時人；玄英爲唐太宗時人。然則此六百年中，守白論之成爲書名，究起何時乎？嘗考龍之學原以白馬論爲最著，而其書編次亦以白馬論居首，文最易知。後之讀者開卷卽味其文，輒驚爲新異而鑽研之，而談論者紛起矣。夫桓譚之說，本因白馬論而發。或東晉以後張湛以後。之好事者視譚說爲弘通，乃抄錄新論此文以列於龍書白馬論之前，因中有「爲守白之論」句，適中當時談玄之風，遂目龍之全書爲守白論。約舉其時，守白論之成爲確定書名，疑在晉宋間矣。自此以後，復有人抄襲孔叢子及呂氏春秋，增作後段，與譚說前段合爲第一篇，以其聚述龍之事跡，名曰跡府。蓋自劉班校定龍書十四篇，中經漢、魏、六朝之亂，佚去九篇，存者五篇；至是又增跡府一篇，共得六篇，合爲一卷，署名守白論，其時亦當在隋代以前。及魏徵作隋書經籍志，隋經籍志爲魏徵撰，見於舊唐志所引毋煚等四部都錄序及清四庫總目卷四十五。或卽依據舊目，未加深考，漫以守白二字入玄，仍歸道家；故玄英所見龍書，確爲守白論也。然據高宗咸亨二年，王師政出示龍書，見前。又似不名守白論者；或二名並行，亦未可知。兩唐志載陳嗣古賈大隱皆曾作注，不知孰先。考賈大隱爲公彥之子，歷事高、中、睿三宗及武后共四朝；陳嗣古，唐書無傳，若據新唐志及通志見後。之排列，則陳當在賈前。然則陳作注時，疑在太宗高宗之間；賈注之成，且在睿宗時。今跡府後段，凡太宗高宗民治二字皆避諱，知陳賈改之也。陳注或無多，故賈復注之，然亦疑其甚簡，故皆六篇合一，卷未分也。但兩唐志皆載有三卷本，今道藏顛字三號上中下三卷者即是。陳賈二注，後人稱引者希。楊倞，據荀子序末題「睿聖文武皇帝元和十三年」，則爲憲宗時人，後於大隱約百數十年。其注荀子修身篇引公孫堅白論曰：「堅白石三可乎？曰：不可。二可乎？曰：可。謂目視石，但見白不知其堅，則謂之白石。手觸石，則知其堅而不知其白，則謂之堅石。是堅白終不可合爲一也。」其「謂目視石」以下各句，明係注語，較今注簡，疑倞卽引陳賈原注。又注正名篇引白馬論曰：「言白所以命色也，馬所以命形也。色非形，形非色。故曰白馬非馬也。」此引與今白馬論句法不符，亦今注所無，反似跡府前段上半之語，疑亦陳賈逸注。蓋陳賈作注時，襲用桓譚之文，楊所引者實注，古人文、注常不分別故耳。

按全祖望結琦亭集外編有書程雲莊語錄後一篇，玆照錄於此以廣異聞，亦藉以證龍學之不可竄取也。其文曰：「初，南雷黃先生嘗言同時有程雲莊者，倡敎吳鄣之門，以一四篇言佛，二三篇言道，三兩篇言儒，乃修飾林三敎之餘術而別自出頭地者。予思見其書未得。雍正甲寅，長洲徐編修丈澄齋出其遺書示予，三篇之外，尙有守白論，其言以公孫龍子爲宗，而著定爲十六目。其前八目曰：『不著形質，不雜靑黃之白，是爲眞白。此彼相非之謂指。指有不至，至則不指。不指之指，是爲眞指。是非交錯，此彼和同，是爲指物。青白既兼，方員亦舉，二三交錯，直析橫分，是爲指變。萬變攘攘，各正性命，聲負色勝，天地莫能定，惟人言是正；言正之物，是爲名物。惟名統物，天地莫測；天地莫測，名與偕極。與天地偕極之物，其誰得而有無之？幻假之？是爲眞物。指而非指，非指而指；非指而指，而指非指：是爲物指。一不是雙，二自非一；隻雙二隻，黃馬堅石，惟其所適，此之謂物變。』其後八目曰：『不落形色，不涉是卽，自地之天，地中取天，曰地天。統盡形色，脫盡是卽，有天之地，天中取地，曰天地。天地地天，地天天地，閃鑠難名，精光獨透，曰眞神。至精至神，結頂位極，名實兼盡，惟獨爲正，曰神物。天地之中，物無自物，往來交錯，物各自物，惟審乃知，曰審知。惟審則直，惟至則止，從橫周徧，一知之至，曰至知。實不曠位，名不通位，惟愼所謂，名實自正，曰愼謂。彼此惟謂，當正不變，通變惟神，神化惟變，曰神變。』其宗旨則曰：『天地惟神，萬物惟名。天地無知，惟神生知。指皆無物，惟名成物。』公孫龍子之學絕於世亦久矣；雲莊蓋參會釋老之言，附會之以成其說者也。……雲莊，名智，字子上，一字極士。」按程氏守白論，乃剽竊今存公孫龍子五篇之字句所成，並非純談守白，名實未符，益可證明余前說之不謬矣。

乙　謝希深

今公孫龍子通行本皆六篇合爲一卷，不著撰人，前僅有謝希深一序，末謂「今閱所著書六篇，多虛誕不可解。謬以膚識注釋，私心尚在疑信間，未能頓怡然無異也。」然四庫總目云：「公孫龍子三卷。此本之注，乃宋謝希深所撰，前有自序一篇。其注文義淺近，殊無可取；以原本所有，姑併錄焉。」又簡目云：「其注爲宋謝希深作，詞不及龍而欲伸龍之理，其淺陋宜矣。」考宋史載謝絳，字希深，以祖懿文葬富陽，爲富陽人。父濤，以文行稱，進士起家。絳以文學知名；爲人修潔醞藉，舉進士甲科。善議論，喜談時事；屢抗疏改革，頗綜覈名實。嘗歷州縣，所至大興學舍，敎諸生，自遠而至者數百人。年四十六卒。有文集五十卷。王安石嘗爲謝公行狀，極稱其制誥之善。歐陽修亦有謝公墓誌銘，其集古錄目序跋復有「謝希深善評文章，尹師魯辨論精博」之語。然皆不言謝有公孫龍子注，疑涉誤傳。且今序末僅署「宋謝希深序」五字，揆之體例不合，似後人任意批補者。道藏子彙諸本皆無此序，亦不題注者姓名；嚴可均謂是否唐人陳賈所注，不可考矣。校道藏本跋。然亦有可商者：前言陳賈舊注甚簡，故楊倞引注荀子修身篇，覈與今本字句差少而微異，而引注正名篇者今本全無；從知謝氏或就舊注增益之，其白馬論注見諸跡府前段者則又逕行刪去耳。竊意謝氏藏有龍書，其所增刪，本或任意批注，尙爲未成之稿；以其早卒，流落坊間，庸手付刋，輒漫題五字於序末以識之也。總目之說，殆見其序而云然。

又按宋史藝文志名家類只載「公孫龍子一卷」。然鄭樵通志藝文略名家云：「公孫龍子一卷，舊十四篇，今亡八篇。又一卷，陳嗣古注。又一卷，賈大隱注。」而崇文總目、文獻通考、郡齋讀書志、直齋書錄解題皆載三卷。然則一卷本與三卷本，宋仍並行也。解題云：「今書六篇，其敍孔穿事，文意重複。」蓋陳振孫亦不信跡府之爲原文。若據唐初王師政出示之六篇一卷本，則鄭氏「今亡八篇」之說，固不得視爲唐有完書而缺於五代也。然四庫總目謂「至宋時八篇已亡」，殆猶爲鄭說所惑與？

丙　傅山

按傅初名鼎臣，字青竹；後改名山，字青主：明清間人。著有霜紅龕集；其外編有公孫龍子白馬、指物、通變、堅白四論注釋，可采之處亦不甚多。

按四庫總目雜家類公孫龍子條云：「明鍾惺刻此書，改其名爲辯言，妄誕不經。」

丁　陳澧

陳澧，字蘭甫，著有公孫龍子淺說，未刊。民國乙丑，其門人汪兆鏞刻於澳門，改名爲公孫龍子注，中有較舊注爲明顯者。汪又別作校勘記、篇目考、附錄，極便學者，洵陳氏之高材也。

按贛人朱從約著有公孫龍子注，聞刊在舊版豫章叢書中，未見。又聞爲辛從益著，萬載人，未知係誤傳否？吾湘王時潤著有公孫龍子校錄，舊注之外，僅採俞孫二家之說；亦聞有己見駁正舊注者。又聞張怡蓀亦有注，其稿存北京大學國學研究所，未見。但近日金受申作公孫龍子釋，其指物論采張氏之列表法，已見一班矣。又王琯作公孫龍子懸解，前有事輯、敍錄二篇，末有後錄，即校勘記，與汪刻略同。錢穆作公孫龍子新解，前有傳略、年表附跋；後有七說、辯者言。又附名墨訾應辨、再辨名墨訾應、堅白盈離辨駁議三篇。陳柱作公孫龍子集解，曾采各家及余初印講義。聞伍非百作公孫龍子發微及形名雜篇，近見其序。此及下條皆爲一九三四年重印時所加。

按近來專論公孫學派者，實繁有徒：如東方雜誌所載章行嚴名墨訾應論及名墨訾應考二篇及其所著名學他辨；學衡雜誌載景昌極中國心理學大綱前二章；東方雜誌載胡適惠施公孫龍之哲學及其所著中國哲學史大綱第八篇第五章；陳鐘凡諸子通誼下卷正名篇論公孫龍子；墨辯討論子學社叢書。所載欒調甫楊墨之辯，汪馥炎堅白盈離辯，亦載東方雜誌。孫碌堅白盈離辯考證；文哲季刊上海羣衆圖書公司發行。所載張鶴羣公孫龍與墨學之關係辨；清華學報所載馮友蘭公孫龍哲學及其所著中國哲學史第九章之五至十二；東方雜誌心史孟森。之臧三耳辨：皆是。其他如孫詒讓、梁啓超、章炳麟、江瑔、張純一、張子晉、朱謙之等，每於討論墨學，涉及龍書；孰得孰失，覽者當自得之。

公孫龍子形名發微

評證第八

形名之家，自鄧析以至於公孫龍輩，其學之可考見者，前已載入理詮篇，大略可覩矣。然周秦而下，凡評議之涉乎此學者，大率目爲淫辭詭辯，將惑俗而害治；及其至也，幾欲取其書而火之，蓋亦已甚哉！夫上下數千年，其間學術之醇疵，理誼之常變，宗主之離合，品量之是非，有能一生兢業，强恕敬恭，以求天下後世之平者，其在他家，蓋有之矣；其在形名，吾少有見也。且形名一派，持說獨難，尚文者駭其辭，窮理者懵其義，折中而無主，質實則罔徵；所謂射者儀讀俄，傾也，下同。毫而失牆，畫者儀髮而易貌焉。是以評論之篇，古今不少；然要其大歸，當時多溢惡之言，後世率膚陋之見。坐令微言若絕，至理不昭，以譌傳譌，如水附水；光隆烈日，失於睫眉，璧重連城，委諸草莽。蓋學術之莫明，亦人羣之不幸矣。茲就古今賢哲所評，檢閱所及，略爲蒐輯，不事排比，即按立說先後，抄著於篇。荀卿有云：「以仁心說，以學心聽，以公心辨。」世之君子，姑毋論其所說者合乎仁心與否，其有聽之以學心而辨之以公心者乎？吾其執鞭從之。

秦攻趙，蘇子謂秦王有曰：「客有難者：『今臣有患於世。夫刑名之家，皆曰白馬非馬也。已如白馬，實馬，乃使有白馬之爲同謂。也。此臣之所患也。』」戰國策趙策二。

夫子釋文：「仲尼。」問於老聃曰：「有人治道若相放：可不可，然不然。辯者有言曰：『離堅白若縣寓。』若是，則可謂聖人乎？」老聃曰：「是胥易技係，勞形怵心者也。執留一作貍之狗成累，原作思。孫詒讓云：『疑累之誤。成累，謂見繫累也。』猿狙之便，自山林來。丘！予告若：而同汝。所不能聞與而所不能言。凡有首有趾、無心無耳者，衆有形者與無形無狀而皆存者，盡無。其動止也，其死生也，其廢起也，此又非其所以也。有治在人；忘乎物，忘乎天，其名爲忘己。忘己之人，是之謂入於天。」莊子天地篇。

彼是同此。莫得其偶，謂之道樞。樞始得其環中以應無窮，是亦一無窮，非亦一無窮也。故曰「莫若以明」。以指喻指之非指，不若以非指喻指之非指也。以馬喻馬之非馬，不若以非馬喻馬之非馬也。天地，一指也；萬物，一馬也。可乎可，不可乎不可。此二句疑原在「不然於不然」下。道行之而成，物謂之而然。惡乎然？然於然。惡乎不然？不然於不然。物固有所然，物固有所可。無物不然，無物不可。故爲是擧：莛與楹，厲與西施。恢恑憰怪：「道」通爲一。其分也成也，其成也毀也。凡物無成與毀，復通爲一。唯達者知「通爲一」；爲是不用而寓諸庸。庸也者，用也；用也者，通也；通也者，得也：適

「得」而幾矣，「因是」已。已而不知其然謂之道。齊物論篇。

何謂「和之以天倪」？曰：「是不是，然不然。」是若果是也，則是之異乎不是也亦無辯；然若果然也，則然之異乎不然也亦無辯。化聲之相待，若其不相待。「和之以天倪」，因之以曼衍，所以窮年也。忘年忘義，振於無竟，故寓諸無竟。同上。

有自也而可，有自也而不可；有自也而然，有自也而不然。惡乎然？然於然。惡乎不然？不然於不然。惡乎可？可於可。惡乎不可？不可於不可。物固有所然，物固有所可。無物不然，無物不可。非卮言日出，「和以天倪」，孰得其久？寓言篇。

指，窮於爲薪，火傳也，不知其盡也。養生主篇。

公孫龍問於魏牟曰：「龍少學先王之道，長而明仁義之行；合同異，離堅白；然不然，可不可；困百家之知，窮衆口之辯；吾自以爲至達已。今吾聞莊子之言，汒焉異之。不知論之不及與？知之弗若與？今吾無所開吾喙，敢問其方。」公子牟隱机大息，仰天而笑曰：「子獨不聞夫埳井之鼃乎？謂東海之鱉曰：『吾樂與！吾跳梁乎井幹之上，入休乎缺甃之崖；赴水則接掖持頤，蹶泥則沒足滅跗；還虷蟹與科斗，莫吾能若也。且夫擅一壑之水，而跨跱埳井之樂，此亦至矣！夫子奚不時來入觀乎？』東海之鱉左足未入，而右膝已縶矣。於是逡巡而卻，告之曰：『夫海：海字原在「告之」下，茲據俞樾乙改。千里之遠，不足以舉其大；千仞之高，不足以極其深。禹之時，十年九潦，而水弗爲加益；湯之時，八年七旱，而崖不爲加損。夫不爲頃久推移，不以多少進退者，此亦東海之大樂也。』於是埳井之鼃聞之，適適然驚，規規然自失也。且夫知，不知是非之竟，而猶欲觀於莊子之言；是猶使蚉負山，商蚷馳河也，必不勝任矣。且夫知，不知論（疑論字之誤，義同喻。）極妙之言，而自適一時之利者，是非埳井之鼃與？且彼方跐黃泉而登大皇，無南無北，奭然四解，淪於不測；無西無東，（原倒，據王念孫改，與通爲韻。）始於玄冥，反於大通。子乃規規然而求之以察，索之以辯；是直用管闚天，用錐指地也，不亦小乎！子往矣！且子獨不聞夫壽陵餘子之學行於邯鄲與？未得國能，又失其故行矣；直匍匐而歸耳。今子不去，將忘子之故，失子之業。」公孫龍口呿而不合，舌舉而不下，乃逸而走。（秋水篇。）

知詐漸毒，「頡滑堅白」「解垢同異」之變多，則俗惑於辯矣。故天下每每大亂，罪在於好知。故天下皆知求其所不知，而莫知求其所已知者；皆知非其所不善，而莫知非其所已善者：是以大亂。（胠篋篇。）

卵有毛。雞三足。郢有天下。犬可以爲羊。馬有卵。丁子有尾。火不熱。山出口。輪不蹍地。目不見。指不至。至不絕。龜長於蛇。矩不方。規不可以爲圓。鑿不圍枘。飛鳥之景未嘗動也。鏃矢之疾，而有不行不止之時。狗非犬。黃馬驪牛三。白狗黑。孤駒未嘗有母。一尺之捶，日取其半，萬世不竭。辯者以此與惠施相應，終身無窮。桓團公孫龍辯者之徒，飾人之心，易人之意。能勝人之口，不能服人之心，辯者之囿也。天下篇。

中山公子牟者，魏國之賢公子也，好與賢人游，不恤國事，而悅趙人公孫龍；樂正子輿之徒笑之。公子牟曰：「子何笑牟之悅公孫龍也？」子輿曰：「公孫龍之爲人也，行無師，學無友；佞給而不中，漫衍而無家；好怪而妄言，欲惑人之心，屈人之口；與韓檀等肄之。」公子牟變容曰：「何子狀公孫龍之過歟？請聞其實。」子輿曰：「吾笑龍之詒孔穿，言『善射者能令後鏃中前括，發發相及，矢矢相屬，前矢造準而無絕落，後矢之括猶衘弦，視之若一焉。』孔穿駭之。龍曰：『此未其妙者。逢蒙之弟子曰鴻超，怒其妻而怖之，引烏號之弓，綦衞之箭，射其目，矢來注眸子而眶不睫，矢隧地而塵不揚。』是豈智者之言歟？」公子牟曰：「智者之言，固非愚者之所曉。後鏃中前括，鈞後於前。矢注眸子而眶不睫，盡矢之勢也。子何疑焉？」樂正子輿曰：「子，龍之徒，焉得不飾其闕？吾又言其尤者：龍誑魏王曰：『有意不心。有指不至。有物不盡。有影不移。髮引千鈞。白馬非馬。孤犢未嘗有母。』其負類反倫，不可勝言也。」公子牟曰：「子不諭至言而以爲尤也，尤其在子矣。夫無意則心同。無指則皆至。盡物者常有。影不移者，說在改也。髮引千鈞，勢至等也。白馬非馬，形名離也。孤犢未嘗有母，有母二字據俞樾補。非孤犢也。」樂正子輿曰：「子以公孫龍之鳴皆條也？設令發於餘竅，子亦將承之。」公子牟默然。良久，告退，曰：「請待餘日，更謁子論。」列子仲尼篇。

君子行不貴苟難，說不貴苟察，名不貴苟傳，唯其當之爲貴。山淵平；天地比；齊秦襲；入乎耳，出乎口；疑當作山出乎口。鉤有須；卵有毛：是說之難持者也，而惠施鄧析能之。然而君子不貴者，非禮義之中也。荀子不苟篇。

不法先王，不是禮義，而好治怪說，玩琦辭，甚察而不惠，辯而無用，多事而寡功，不可以爲治綱紀；然而其持之有故，其言之成理，足以欺惑愚衆：是惠施鄧析也。非十二子篇。

先王之道，仁之隆也，比中而行之。曷謂中？曰：禮義是也。道者，非天之道，非地之道；人之所以道也，君子之所道也。君子之所謂賢者，非能徧能人之所能之謂也；君子之所謂知者，非能徧知人之所知之謂也；君子之所謂辯者，非能徧辯人之所辯之謂也；君子之所謂察者，非能徧察人之所察之謂也：有所止矣。相高下，視墝肥，序五種，君子不如農人。通財貨，相美惡，辯貴賤，君子不如賈人。設規矩，陳繩墨，便備用，君子不如工人。不卹「是非」「然不然」之情，以相薦撙，以相恥怍，君子不若惠施鄧析。若夫譎德而定次，量能而授官，使賢不肖皆得其位，能不能皆得其官；萬物得其宜，事變得其應；愼墨不得進其談，惠施鄧析不敢竄其察；言必當理，事必當務：是然後君子之所長也。凡事行，有益於理者立之，無益於理者廢之，夫是之謂中事。凡知說，有益於理者爲之，無益於理者舍之，夫是之謂中說。事行失中，謂之姦事；知說失中，謂之姦道。姦事姦道，治世之所棄，而亂世之所從服也。若夫充虛之相施易也，堅白之同分隔也，原作堅白同異之分隔也，衍一異字，茲刪乙。是聰耳之所不能聽也，明目之所不能見也，辯士之所不能言也；雖有聖人之知，未能僂指也。不知，無害爲君子；知之，無損爲小人。工匠不知，無害爲巧；君子不知，無害爲治。王公好之則亂法，百姓好之則亂事。而狂惑戇陋之人，乃始率其羣徒，辯其談說，明其辟稱，老身長子不知惡也，夫是之謂上愚，曾不如相雞狗之可以爲名也。詩曰：「爲鬼爲蜮，則不可得；有靦面目，視人罔極。作此好歌，以極反側。」此之謂也。儒效篇。

傳曰：「天下有二：非察是，是察非。」謂合王制與不合王制也。天下有不以是爲隆正也，然而猶有能分是非、治曲直者邪？若夫非分是非，非治曲直，非辨治亂，非治人道；雖能之，無益於人，不能，無損於人：案直將治怪說，玩奇辭，以相撓滑也。案彊鉗而利口，厚顏而忍詬；無正而恣睢，妄辨而幾利；不好辭讓，不敬禮節，而好相推擠：此亂世姦人之說也，則天下之治說者方多然矣。傳曰：「析辭而爲察，言物而爲辨，君子賤之。博聞彊志，不合王制，君子賤之。」此之謂也。解蔽篇。

「止，而同如。矢過楹」。「白馬非馬也」。原作非而謁楹有牛馬非馬也，茲改如正文。此疑本誤作「非而牛謁楹」「有馬非馬也」，及二句合讀，乃以牛馬爲類耳。蓋止、矢、過、白四字，與非、牛、謁、有，皆形似致誤。此惑於用名以亂實者也。驗之名約，以其所受悖其所辭，則能禁之矣。凡邪說辟言之離正道而擅作者，無不類於三惑者矣。按此爲三惑之一。故明君知其分而不與辨也。正名篇。

人主之聽言也，不以功用爲的，則說者多「棘刺」「白馬」之說。韓子外儲說左上。

齊使鄒衍過趙；平原君見公孫龍及其徒綦母子之屬，論白馬非馬之辯，以問鄒子。鄒子曰：「不可。彼天下之辯有『五勝』『三至』，至，疑作正。而『辭正』爲下。辯者別殊類使不相害，序異端使不相亂，抒意通指，明其所謂，使人與知焉，不務相迷也。故勝者不失其所守，不勝者得其所求。若是，故辯可爲也。及至煩文以相假，飾辭以相惇，巧譬以相移，引人聲使不得及其意，如此，害大道。夫繳紛爭言而競後息，不能無害君子。」坐皆稱善。史記平原君傳集解引別錄。

名正則治，名喪則亂。使名喪者淫說也。說淫，則可不可而然不然，是不是而非不非。故君子之說也，足以言賢者之實，不肖者之充而已矣；足以喻治之所悖，亂之所由起而已矣；足以知物之情，人之所獲以生而已矣。凡亂者，刑名形名。不當也。人主雖不肖，猶若用賢，猶若聽善，猶若爲可者，其患在乎所謂賢而從不肖也，所謂善而從邪辟，所謂可而從悖逆也。是刑名異充，而聲卽名。實異謂也。夫賢不肖，善邪辟，可悖逆，國不亂，身不危，奚待也？呂氏春秋正名篇。

博聞彊志，口辯辭給，人智之美也；而明主不以求於下。公孫龍析辯抗辭，疑當作析辭抗辯。別此當作合。

同異，離堅白，而不可與衆同道也。許愼注：「公孫龍，趙人，好分析詭異之言，以白馬（應作堅白。）不得合爲一物，離而爲二也。」（淮南子齊俗篇。）

公孫龍粲於辭而貿名，鄧析巧辯而亂法。許愼注：「公孫龍以『白馬非馬』『冰不寒』『炭不熱』爲論，故曰貿也。鄧析教鄭人以訟，訟俱不曲，子產誅之也。」（詮言篇。）

趙亦有公孫龍爲堅白同異之辭，然非先王之法也，皆不循孔氏之術。（劉向校上荀子。）

或問：「公孫龍詭辭數萬，以爲法法歟？」曰：「斷木爲棊，梡革爲鞠，亦皆有法焉。不合乎先王之法者，君子不法也。」（揚子法言吾子篇。）

「刑名非道邪？何自然矣？」曰：「何必刑名？圍棊擊劍，反目眩形，亦皆自然也。」（問道篇。）

按此與前答語略同，似指形名言，用錄於此。

凡人耳目所聞見，心意所知識，情性所好惡，利害所去就，亦皆同務焉。若材能有大小，智略有深淺，聰（原誤作聽。）明有闇照，質行有薄厚，亦則異度焉。非有大材深智，則不能見其大體。大體者，皆是當之事也。夫言是而計當，遭變而用權，常守正見事不惑，內有度量，不可傾移而誑以譎異，爲知大體矣。如無大材深智，（二字原缺。）則雖威權如王翁，察慧如公孫龍，敏給如東方朔，言災異如京君明，及博見多聞，書至萬篇，爲儒教授數百千人，祗益不知大體焉。（羣書治要引桓譚新論。）

公孫龍常爭論曰「白馬非馬」，人不能屈。後乘白馬無符傳欲出關，關吏不聽。此虛言難以奪實也。白帖卷九引桓譚新論。

公孫龍著堅白之論，析言剖辭，務曲折之言，無道理之較，無益於治。王充論衡案書篇。

昔楊朱、墨翟、申不害、韓非、田駢、公孫龍，汨亂乎先王之道，譸張乎戰國之世，然非人倫之大患也。何者？術異乎聖人者易辨，而從之者不多也。徐幹中論考僞篇。

夫辯，有理勝，有辭勝。理勝者，正白黑以廣論，釋微妙而通之，辭勝者，破正理以求異，求異則正失矣。涼劉昞注：「以白馬非馬，馬上原衍白字。一朝而服千人；及其至關禁錮，直而後過也。」劉劭人物志材理篇。

夫君子之開口動筆，必戒悟 疑悟。蔽，式整雷同之傾邪，磋礱流遁之闇穢。而著書者徒飾弄華藻，張磔迂闊，屬難驗無益之辭，治靡麗虛言之美，有似堅白廣 原誤作屬。修之書，公孫刑名之論。雖曠籠天地之外，微入無間之內，立解連環，離合同異，按此屬惠施說。鳥影不動，雞卵有足，犬可爲羊，大龜長蛇 按此屬公孫說。之言，適足示巧表奇以誑俗。抱朴子外篇應嘲篇。

昔吾未覽莊子，嘗聞論者爭夫「尺棰」「連環」之意，而皆云莊生之言，遂以莊生爲辯者之流。案此篇較評諸子，至於此章，則曰「其道舛駁，其言不中」，乃知道聽塗說之傷實也。吾意亦謂無經國體致，眞所謂無用之談也。然膏粱之子，均之戲豫，或倦於典言，而能辨名析理，以宣其氣，以係其思，流於後世，使性不邪淫，不猶賢於博奕者乎？故存而不論，以貽好事也。郭象注莊子天下篇惠施章。

客問樂令即樂廣，字彥輔。「指不至」者，指字原省作旨。樂亦不復剖析文句，直以麈尾柄确几，曰：「至不？」客曰：「至。」樂因又舉麈尾曰：「若至者那得去？」於是客乃悟服。樂辭約而旨達，皆此類。劉孝標注：「夫藏舟潛往，交臂恆謝；一息不留，忽焉生滅。故飛鳥之影，莫見其移；馳車之輪，曾不掩地。是以去不去矣，庸有至乎？至不至矣，庸有去乎？然則前至不異後至，至名所以生；前去不異後去，去名所以立。今天下無去矣，而去者非假哉？既爲假矣，而至者豈實哉？」世說新語文學篇。

公孫之「白馬」「孤犢」，辭巧理拙；魏牟比之鴟鳥，按魯仲連以梟鳴比田巴，見前。黃叔琳據莊子秋水篇，謂鴟鳥當作井鼃，是也。非妄貶也。文心雕龍諸子篇。

名者，宋鈃、尹文、惠施、公孫龍原作捷，疑誤。之類也。其道正名，名不正則言不順，故定尊卑，正名分。……然而薄者捐本就末，分析明辨，苟析華辭也。劉子九流篇。

白馬，即公孫龍守白論也。此原有誤，天地篇成疏更誤。公孫當六國時，弟子孔穿之徒，堅執此論，橫行天下，服衆人之口，不服衆人之心。……眩惑世間，雖宏辯如流，終有言而無理也。成玄英疏莊子齊物論篇。

公孫龍者，古人之辯士也。嘗聞其論，願觀其書。咸亨十當衍。二年，歲次辛未，十二月庚寅，僕自嵩山游於汝陽，有宗人王先生，名師政，字元直，春秋將七十，博聞多藝，安時樂道，恬澹浮沈，罕有知者，僕過憩焉。縱言及於指馬，因出其書以示僕，凡六篇，勒成一卷。其夜僕宿洞玄觀韓先生之房。先生名玄最，字通元，從容人間，虛談淡自保。與僕觀其書，且謂僕曰：「足下，後生之明達者，公孫之辨何如？」僕曰：「小子何足以知之。然伏周孔之門久，尋聖賢之論多矣。六合之內，聖人論而不辨；六合之外，聖人存之不論。簡而易之，欲其可行也；神而明之，存乎其人也。陳詩書，定禮樂。身心之道達而已，家國之用足而已。變而通之，未嘗滯之；引而伸之，未嘗蕩也。令天下思之而後及也，令天下得之而不過也。若此，則六經之義具矣，五常之敎足矣，安取辭離堅別白之辨乎？故曰：若公孫之論，非不中也，非不妙也；其辭逸，其理愜，其術空，其義觕，令人煩。非高賢不能知也，非明達不能究也；抑可以爲聖人之理，不足以爲聖人之敎。若隨方而言，觸類而長，何必白馬堅白猶疑獨。存其理乎？故曰因是論之也，卽直之論也。惑其文則不可以爲易矣，達其意則不足以爲難矣。可存而不可守也，可辨而不可行也。知者不必言，言者不必用也。然天下之理不可廢也，天下之言不可沮也。故理可貫也，言可類也。若使僕借公孫之理，乘公孫之意，排合衆義，揞一作倍。勞疑撈省。羣言，則雖天下之異可同也，天下之同可異也，天下之動可靜也，天下之靜可動也。堅不堅，白不白，石非石，馬非馬，何必聚散形色，離合一二者乎？」先生曰：「天下有易，迷之者難，則天下無易矣。天下有難，能之者易，則天下無難矣。足下當有易之地，用無難之辨，能爲龍之所爲乎？」僕笑而答曰：「使虎豹之力移於麋鹿，固爲虎豹矣。

使鴈鶩之口移於鷹隼，固爲鷹隼矣。故以仲尼之道託於盜跖之性，則盜跖固爲仲尼矣。今公孫龍之理處於弟子之心矣，弟子且非公孫龍乎？遂和墨襲紙，援翰寫心。篇卷字數，皆不踰公孫之作；人物義理，皆反取公孫之意。觸類而長，隨方而說，質明而作，白中而就。以事源代跡府，因意而存義也；以幸食代白馬，尋色而推味也；以慮心代指物，自外而明內也；以達化代通變，緣文而轉稱也；以香辛代堅白，憑遠而取近也；以稱足代名實，居中而擬正也。或因數陳色，或反色在疑任。數，或棄色取味，或以氣轉形，明天下之言，無所不及也。發沈源而迴鶩，闢榛路以先驅，庶將來君子有以知其用心也。」文苑英華卷七百五十八無名氏擬公孫龍子論序。

告子：「彼長而我長之，彼白而我白之。」斯言也，蓋堅白同異之祖。夫論理未有不思副於名實者也。彼長我長，彼白我白，正告子「不得於言，勿求於心」之言，與公孫龍之鉤深索隱、離析破碎者不同。呂祖謙東萊集。

昔人言「白馬非馬」之說，若無白馬在前，則儘教他說；適有牽白馬者過堂下，則彼自破矣。如三耳之說，我若隨之而轉，則必爲所惑；惟自守兩耳之說，則彼不能眩矣。同上。

「一尺之捶，日取其半，萬世不竭。」其說謂自一尺至一釐一忽，無不有半；推廣尋丈以上皆如此。所以謂「萬世不竭」，此亦有理。同上。

公孫龍爲白馬非馬、堅白之辯者也；其爲說淺陋迂僻，不知何以惑當時之聽？陳振孫直齋書錄解題。

司馬彪曰：「堅白，謂堅石非石，白馬非馬。異同，謂使異者同，同者異。」按語見荀子修身篇楊倞注。東萊呂氏曰：「告子：『彼長而我長之，彼白而我白之。』斯言也，蓋堅白同異之祖。」孟子累章辯析，歷舉玉、雪、羽、馬、人、五白之說，借其矛而伐之而其技窮。王應麟漢書藝文志考證。

尹文子二篇，以大道自名，而所學乃公孫龍之說，九流所列爲名家者也。因緣白馬非馬之說，而生好牛、好馬之說，復掇拾名實相亂之事以證之；無理而迂，不足言文，而顧以夫子「正名」爲據。嗚呼！夫子之所謂名者，果此之謂乎？道喪俗壞，士有謬用其心如此者！黄震黄氏日抄讀諸子。

公孫龍者，戰國時肆無稽之辨，九流中所謂名家，以正名爲說者也。其略有四：一曰「白馬非馬」，謂白所以名色，馬所以名形；形非色，色非形也。其二曰「物莫非指」，謂指者指斥是非之名，物各相指，是非混亂，終歸於無可指也。其三曰「雞三足」，謂雞足一，數足二；二而一，故三也。其四曰「堅白石」，謂目見石之白而不見其堅，手知石之堅而不知其白，是堅與白爲二物。其無稽如此！大率類兒童戲語，而乃祖吾夫子「正名」爲言。嗚呼！夫子之所謂正名者，果如是乎？若「臧三耳」之辨，亦出公孫龍；然孔叢子與呂氏春秋載之，此書不及焉。同上。

中山公子牟悅楚人公孫龍詭辭，而樂正子輿非之，至斥以「設令發於餘竅，子亦將承之」，其論甚正，而列子載焉，此誕說波流中砥柱也。同上。

孟子謂子石曰：「卵有毛，信乎？」子石曰：「信。」孟子曰：「何爲其然也？」子石曰：「卵無毛，雞無翼。」孟子曰：「雞而烹，人可食；然則子腹亦有雞與？」熙時子注本孟子外篇性善辨第。

按趙岐所見孟子外編，已非本眞。此熙時子注本，爲明季姚士粦等所傳，又依託僞本耳。惟依託者疑在宋元時，故次於此；亦可見後世之於公孫龍各說，其觀感爲何如也。

龍，趙人，平原君客也。能辨說，傷明王之不興，疾名器之乖實，以假指物，以混是非，冀時君之有悟而正名實焉。予嘗取而讀之，白馬非馬之喻，堅白同異之言，終不可解。後屢閱之，見其如捕龍蛇，奮迅騰騫，益不可措手。甚哉其辨也！然而名實愈不可正，何耶？言弗醇也。天下未有言弗醇而能正。苟欲名實之正，亟火之。宋濂諸子辨。

成玄英莊子疏云：「公孫龍子著守白論行於世。」堅白，即守白也，言堅執其說，如墨子墨守之義。自堅白之論起，辯者互執是非，不勝異說；公孫龍能合衆異而爲同，故謂之合同異。通鑑周紀三，胡三省音注。

史記載公孫龍，注：「爲孔子弟子。」其論白馬非馬，亦自附於仲尼謂「楚人亡之」之說，且云「仲尼異楚人於所謂人，而非龍異白馬於所謂馬，悖」，可謂曲說矣。其他篇有云：「青驪乎白，而白不勝也。

白足之勝矣而不勝，是木賊金也。木賊金者碧。碧則非正舉矣。」意以白比君道，青比臣道。驪，色之雜。青驪於白，謂權臣擅命，雜君道也。金本制木，而木賊金；猶君本制臣，而臣掩君也。其說類易所謂「玄黄」，論語「惡紫奪朱」同，而頗費解說。又曰：「黄其馬也，其與類乎！碧其雞也，其與暴乎！」解云：「黄，中正之色；馬，國用之材：故曰與類。碧，不正之色；雞，不材之禽：故曰與暴。」其說類孟子「白馬白人」之例；然其淫放頗僻，去孔孟何啻千里！自注：「按周有兩公孫龍：一春秋孔子弟子；一戰國平原辯士。」

○楊慎升庵外集卷四十八子說。

公孫龍子三卷，其首章所載與孔穿辨論事，孔叢子亦有之，謂龍爲穿所絀；而此書又謂穿願爲弟子，彼此互異。蓋龍自著書，自必欲伸己說；孔叢僞本出於漢晉之間，朱子以爲孔氏子孫所作，自必欲伸其祖說。記載不同，不足怪也。其書大旨疾名器乖實，乃假指物以混是非，借白馬而齊物我，冀時君有悟而正名實，故諸史皆列於名家。淮南鴻烈解稱公孫龍粲於辭而貿名，揚子法言稱公孫龍詭辭數萬，蓋其持論雄贍，實足以聳動天下，故當時莊、列、荀卿並著其言，爲學術之一。特品目稱謂之間，紛然不可數計，龍必欲一一核其眞，而理究不足以相勝，故言愈辨而名實愈不可正。然其書出自先秦，義雖恢誕，而文頗博辨；陳振孫書錄解題概以「淺陋迂僻」譏之，則又過矣。四庫全書總目子部雜家類。

公孫龍子，大旨欲綜覈名實，而恢詭其說，務爲博辨。孔叢子所謂「詞勝於理」，殆確論焉。其注爲宋謝希深作，詞不及龍，而欲伸龍之理，其淺陋宜矣。四庫簡明目錄子部雜家類。

公孫龍子，漢志所載，而隋志無之，其爲後人僞作奚疑。姚際恒古今僞書考。

龍爲堅白之辨，頗惑當時之聽，故孟子書中，亦有白雪、白玉、白馬、白人等說。陳振孫以爲「淺陋迂僻」，未免過詆。嚴可均校道藏本公孫龍子跋。

惠施白馬、三足之談，因莊生而遂顯。雖爲射者之鵠，亦見不羈之才，非同泯泯也。章學誠文史通義言公篇中。

鄧析子公孫龍之名，不得自外於聖人之名，而所以持而辨者非也。校讎通義卷三。

公孫龍之學，出於墨氏；然墨子言「白馬馬也」，公孫龍則云「白馬非馬」。其說云：「求馬，黃黑馬皆可致；求白馬，黃黑馬不可致。故曰白馬非馬。」又云：「堅白石三，可乎？曰：不可。視不得其所堅，拊不得其所白。且猶白：以火見；而火不見，則火與目不見而神見。堅以手而手以捶，是捶與手知而不知，而神與不知。神乎！是之謂離焉。」皆較墨子之說更轉而求深，皆由於正言若反而加以變幻。然其末篇則云：「古之明王，審其名實，愼其所謂。」其大旨不過如是，何必變幻乎？陳澧東塾讀書記諸子。

詩曰「亦白其馬」，言白不僅馬也。曰「有馬白顚」，言馬不皆白也。白不僅馬，馬去白在；馬不皆白，白去馬在。然馬之白與非白，無足爲馬之輕重；而白之馬與非馬，足爲白之輕重。故增一字，損一字，易一字，其中必有大原委焉。公孫龍白馬篇，與詩義同。龍，名家者流也。春秋之法，「名不可以假人」。故或求名而不得，或欲蓋而名章，誠愼之也。詩意蓋足以敝之哉！劉熙載昨非集翼名。

墨經朅舉精理，引而不發，爲周名家言之宗。而惠施公孫龍竊其緒餘，迺流於假詭口給，遂別成流派，非墨子之本意也。孫詒讓籀高述林卷十與梁卓如論墨子書。

若公孫龍尹文子之徒，雖亦據吾夫子「正名」爲說，然區區物質形色之辨，其學小矣。蘇輿春秋繁露義證實性篇注。

惠施公孫龍，皆所謂名家者流也；而其學實出於墨。墨經言名學過半，而施龍辯辭亦多與經出入。公孫龍亦嘗勸燕昭王偃兵，可見皆宗墨學。梁啓超墨子學案附錄一。

指馬之義，按莊子之說，已見前引。乃破公孫龍說。指物篇云：「物莫非指，而指非指。指也者，天下之所無也；物也者，天下之所有也。以天下之所有爲天下之所無，未可。」彼所謂指，上指謂所指者，卽境；下指謂能指者，卽識。物皆有對，故莫非境；識則無對，故識非境。無對故謂之無，有對故謂之有。以物爲境，卽是以物爲識中之境，故公孫以爲未可。莊生則云以境喻識之非境，不若以非境喻識之非境。蓋以境爲有對者，但是俗論。方有所見，相見同生，二無內外，見亦不執相在見外，故物亦非境也。物亦非境，識亦非境，則有無之爭自絕矣。白馬論云：「馬者所以命形也，白者所以命色也。命色者非命形也，故曰白馬非馬。莊生則云以馬喻白馬之非馬，不若以非馬喻白馬之非馬。所以者何？馬非所以命形。形者何邪？惟是句股曲直諸線種種相狀，視覺所得。其界止此，初非於此形色之外別有馬覺意想分別，方名爲馬。馬爲計生之增語，而非擬形之法言。專取現量，眞馬與石形如馬者等無差別；而云馬以命形，此何所據？然則命馬爲馬，亦且越出現量以外，則白馬與馬之爭自絕矣。此皆所謂「莫若以明」也。廣論，則天地本無體，萬物皆不生。由法執而計之，則乾坤不毁；由我執而計之，故品物流形：此皆意根徧計之妄也。或復通言，破指之義，誠無餘辯；破馬之義，但乘公孫言詞之隙，因而墮之。假令云馬者所以命有情，白者所以命顯色。命顯色者非命有情，故曰「白馬非馬」。莊生其奚以破之邪？應之曰：此亦易破。鋸解馬體，後施研擣，猶故是有情否？此有情馬本是地水火風種種微塵集合，云何可說爲有情數？若云地水火風亦是有情者，諸有情數合爲一有情數；雖說爲馬，惟是假名：此則馬亦非馬也。又公孫以堅白爲二，堅白與石不可爲三。如是馬中亦有堅白，堅白可二，白馬不可爲二，說還自破。若云石莫不白，馬有不白者；馬有靑驪，石亦自有黃黑。白非馬之自相，亦非石之自相，何故白與石不可離而獨與馬可離？此皆破之之說也。（章炳麟齊物論釋定本。）

辯者與惠施相應，持二十一事。辯者之言，獨有「飛鳥」「鏃矢」「尺棰」之辯，察明當人意。「目不見」「指不至」「輪不蹍地」亦幾矣。其他多失倫。夫辯說者務以求眞，不以亂俗也。故曰「狗無色」可，云「白狗黑」則不可。名者所以召實，非以名爲實也。故曰「析狗至於極微則無狗」可，云「狗非犬」則不可。觀惠施十事，蓋異於辯者矣。國故論衡明見篇。

別墨者，同而異，異而同者也：或得墨之一端，而未竟其全體；或據墨之近似，而轉失其本眞。間嘗考之，固有見於當時者，亦有尙存於後世者，是可得而言焉。莊子距墨未遠，而其時別墨已熾，惠施、桓團、公孫龍卽其人者；然亦不過得墨辯才之一端耳，顧其說則又與墨相左。墨之言曰「非白馬焉執駒」；惠施則曰「孤駒未嘗有母」。墨之言曰「知，知狗重知犬」；惠施則曰「狗非犬」。故莊子以爲倍譎不同。桓團之書不傳；而倍譎之尤者莫若公孫龍子。龍始學於墨，繼又別於墨而欲以相高；而顧竊墨微眇之言以文其書，而復正用其言，反用其意。今按經說下篇「牛狂與馬惟異」一段，龍據其文而衍爲通變論。「彼，正名者彼此」一段，龍據其文而衍爲名實論。上下篇言「堅白」數處及「目見火見」等語，龍據其文而衍爲堅白論。上篇「牛馬之非牛」與夫「數牛數馬則牛馬二，數牛馬則牛馬一」，按此皆下篇語。下篇「白馬多白，視馬不多視」等語，龍據其文而衍爲白馬非馬論。於言則正用之，於意復反用之，倍譎甚已！禽滑釐學於子夏，是出儒而入於墨者也；龍又出墨而入於名者也。然觀其書，特相高以言，相辯以口。韓非所謂「虛詞可以勝一國，考實不能謾一人」；史公以其「善失眞」；班氏亦言「鉤鈲析亂」。若公孫龍者，正名家之蟊賊，墨氏之叛臣也已。鄧雲昭墨經正文解義別墨考。

世多譏龍恢誕。然如通變論云：「黃其正矣，是正舉也；碧則非正舉矣。與其碧，寧黃。黃其馬也，其與類乎！碧其雞也，其與暴乎！暴則君臣爭而兩明也。兩明者昏不明，非正舉也。名實無當，驪色章焉，故曰兩明也。兩明而道喪，其無有以正焉。」假物寓指，足以砭世礪俗。汪兆鏞公孫龍子注後記。

凡爲辯者，有事以爲例則易喩，卽事而爲辯則易迷。故公孫龍責秦王以非約，折孔穿之詞悖，其言明且淸。惟書中如白馬至名實五篇，類以一詞累變不窮，轉而益深，幾令人莫明其所謂；必繩以名家科律，然後瞭焉。此又讀其書初覺詭異，而實不詭異也。顧實漢書藝文志講疏諸子略名家。

公孫龍以博辯馳騁當時，後之學者雖多詆譏，皆不能擠其說而不論，則亦墨子以後一才士矣。其學大抵以極微奧覈名實爲歸，與墨辯關係最深；而其主張偃兵，又與墨子兼愛非攻之說合。然今書六篇，果否出自公孫龍之手，則殊可疑。今書第一篇首句「公孫龍，六國時辯士也」，明爲後人所加之傳略，則六篇祗得五篇矣。第七以下皆亡；第二至第六之五篇，每篇就題申繹，累變不窮，無愧博辯。然公孫龍之重要學說，幾盡括於五篇之中，則第七以下等篇又何言耶？雖據諸書所記，五篇之外，不無未宣之餘義；然又安能舖陳至八九篇之多耶？以此之故，吾終疑爲後人硏究名學者附會莊、列、墨子之書而成，非公孫龍之原書矣。惟今書雖非原書，然既能推演諸記，不違旨趣，則欲硏究公孫龍之學說，亦未始不可問津於此耳。黃雲眉古今僞書考補證。

詭辯第九

自鄧析公孫龍輩之爲學也，鉤深抉隱，鬼設神施，驟焉讀之，殆未嘗不心移而目眩。故莊子天下謂「韓團公孫龍辯者之徒，能勝人口」；而揚子法言乃謂「公孫龍詭辭數萬，君子不法」。後學莫省，舉凡名與形名二家說稍奇闢者，不卹是非之情，概以「詭辯」之冠强加其首。由是舉一以槩其餘，懲言而責其行，殆目爲禦人口給之徒。漢書人表因次龍居六等而爲中下，蓋惛之也。是以形名一派，或嗜異者偶目存之，甚則束之高閣，抑且用覆醬瓿，聲光銷歇，垂二千年於茲。然膾炙人口，流傳不絕，尙賴此詭辯二字；而間一省及，令人疾首蹙眉者，實亦此二字階之厲也。夫詭辯二字，連文爲用，不知昉自何人；周秦諸子，似無所見，管子法禁篇但有「言詭而辯」之一語耳。惟淮南子齊俗篇云：「詆（羣書治要引作調）。文者處煩擾以爲慧，爭爲佹辯，久稽而不決，無益於治。」佹字通詭，斯卽「詭辯」名號及其含義之權輿。班固稱石顯「爲人巧慧習事，能探得人主微指，內深賊，持詭辯以中傷人」。顏師古曰：「詭，違也；違道之辯。」漢書佞幸傳。正其義也。蓋詭辯者大氐出之從横家；舊唐書經籍志總序謂「縱横家以紀辯說詭詐」，則其所見爲不誣矣。韓非曰：「從者合衆弱以攻一强也，而衡者事一强以攻衆弱也，皆非所以持國也。」五蠹篇。劉向亦云：「游說權謀之徒，見貴於俗。是以蘇秦張儀之屬生從横短長之說，左右傾側。蘇秦爲從，張儀爲横。横則秦帝，從則楚王。所在國重，所去國輕。」校上戰國策書錄。故戰國策稱「從人飾辯虛辭」，楚一。「横人嚂口利機」，楚四。皆卽漢志所謂「邪人爲之，則上詐諼而棄其信」諸子略從横家。者也。今請各引蘇張一事於左，蓋亦藉以審知詭辯二字之所由謂焉。

楚王懷王。死，太子在齊質。蘇秦謂薛公曰：「君何不留楚太子，以市其下東國？」薛公曰：「不可。我留太子，郢中立王；然則是我抱空質而行不義於天下也。」蘇秦曰：「不然。郢中立王，君因謂其新王曰：『與我下東國，吾爲王殺太子；不然，吾將與三國共立之。』然則下東國必可得也。」

蘇秦之事，可以請行，可以令楚王亟入下東國，可以益割於楚，可以忠太子而使楚益入地，可以爲楚王走太子，可以忠太子使之亟去，可以惡蘇秦於薛公，可以爲蘇秦請封於楚，可以使人說薛公以善蘇子，可以使蘇子自解於薛公。

蘇秦謂薛公曰：「臣聞謀泄者事無功，計不決者名不成。今君留太子者，以市下東國也，非亟得下東國者，則楚之計變，變則是君抱空質而負名於天下也。」薛公曰：「善！爲之奈何？」對曰：「臣請爲君之楚，使亟入下東國之地。楚得成，則君無敗矣。」薛公曰：「善！」因遣之。故曰可以請行也。

謂楚王曰：「齊欲奉太子而立之。臣觀薛公之留太子者以市下東國也；今王不急入下東國，則太子且倍王之割而使齊奉己。」楚王曰：「謹受命！」因獻下東國。故曰可以使楚亟入地也。

謂薛公曰：「楚之勢可多割也。」薛公曰：「奈何？」「請告太子其故，使太子謁之君以忠太子。使楚王聞之，可以益入地。」故曰可以益割於楚。

謂太子曰：「齊奉太子而立之；楚王請割地以留太子，齊少其地。太子何不倍楚之割地而資齊，齊必奉太子。」太子曰：「善！」倍楚之割而延齊。楚王聞之恐，益割地而獻之，尚恐事不成。故曰可以使楚益入地也。

謂楚王曰：「齊之所以敢多割地者，挾太子也；今已得地而求不止者，以太子權王也。故臣能去太子。太子去，齊無辭，必不倍於王也。王因馳强齊而爲交，齊辭必聽王；然則是王去讎而得齊交也。」楚王大悅，曰：「請以國因。」故曰可以爲楚王使太子亟去也。

謂太子曰：「夫剬楚者王也，以空名市者太子也；齊未必信太子之言也，而楚功見矣。楚交成，太子必危矣。太子其圖之。」太子曰：「謹受命！」乃約車而暮去。故曰可以使太子急去也。

蘇秦使人請薛公曰：「夫勸留太子者蘇秦也；蘇秦非誠以爲君也，且以便楚也。蘇秦恐君之知之，故多割楚以滅迹也。今勸太子去者又蘇秦也，而君弗知；臣竊爲君疑之。」薛公大怒於蘇秦。故曰可以使人惡蘇秦於薛公也。

又使人謂楚王曰：「夫使薛公留太子者蘇秦也，奉王而代立楚太子者又蘇秦也，割地固約者又蘇秦也，忠王而走太子者又蘇秦也。今人惡蘇秦於薛公，以其爲齊薄而爲楚厚也。願王知之。」楚王曰：「謹受命！」因封蘇秦爲武貞君。故曰可以爲蘇秦請封於楚也。

又使景鯉請薛公曰：「君之所以重於天下者，以能得天下之士而有齊權也。今蘇秦天下之辯士也，世與少有；君固不善蘇秦，則是圍塞天下士而不利說途也。夫不善君者且奉蘇秦，而於君之事殆矣。今蘇秦善於楚王，而君不蚤親，則是身與楚爲讎也。故君不如因而親之，貴而重之，是君有楚也。」薛公因善蘇秦。故曰可以爲蘇秦說薛公以善蘇秦。齊策三

張儀之楚，貧；舍人怒而歸。張儀曰：「子必以衣冠之敝故欲歸；子待我，爲子見楚王。」當是之時，南后鄭褏貴於楚。張子見楚王，楚王不說。張子曰：「王無所用臣，臣請北見晉君。」楚王曰：「諾。」張子曰：「王無求於晉國乎？」王曰：「黃金、珠璣、犀象出於楚，寡人無求於晉國。」張子曰：「王徒不好色耳。」王曰：「何也？」張子曰：「彼鄭周之女，粉白黛黑，立於衢閭，非知而見之者以爲神。」楚王曰：「楚，僻陋之國也，未嘗見中國之女如此其美也。寡人之獨何爲不好色也？」乃資之以珠玉。南后

鄭褎聞之，大恐，令人謂張子曰：「妾聞將軍之晉國，偶有金千斤，進之左右，以供芻秣。」鄭褎亦以金五百斤。」張子辭楚王曰：「天下關閉不通，未知見日也。願王賜之觴。」王曰：「諾。」乃觴之。張子中飲，再拜而請曰：「非有他人於此也，願王召所便習而觴之。」王曰：「諾。」乃召南后鄭褎而觴之。張子再拜而請曰：「儀有死罪於大王。」王曰：「何也？」曰：「儀行天下徧矣，未嘗見人如此其美也。而儀言得美人，是欺王也。」王曰：「子釋之！吾固以爲天下莫若是兩人也。」楚策三。

觀右二章所說，知蘇張各持詭辯，玩弄人主，以要厚利好爵；其反覆綦谿，臭詢亡節，慮非人所能狀。若舉公孫龍所行事，如邯鄲圍解，阻平原君勿受封；秦兵攻魏，效發使讓秦王非約；及勸惠文王燕昭王偃兵諸端皆見跡府。以爲之校，其正邪高下，殆猶天壤之差。而虞卿亦蘇張之流，方其爲平原君請封，龍乃諫曰：「虞卿操其兩權：事成，操右券以責；事不成，以虛名德君。」其於從橫詭辯之用心，深窺其隱，若燭炤數計而龜卜。嗚呼！龍誠才智之君子也，孰謂詭辯之雄者乎？其妄膺不美之名而爲後世所詬病，蓋亦寃之甚矣。

或曰：公孫龍輩之爲辯士，自周秦來，已無異議矣。今據子言，龍之行事，誠不若蘇張之姦非；然旣尸辯名，則其持辯將不免於詭，卽可謂之詭辯，何獨非邪？予曰：否。昔孔子嘗謂「巧言亂德」；論語衛靈公篇。老氏亦謂「辯言不善」。孔老本以不辯爲宗，故言如是；此外殆未有不辯者也。荀卿曰：「君子之於言也，志好之，行安之，樂言之，故君子必辯。」非相篇。蓋辯原有二：一，辯之正者；二，辯之詭者。如從横家借力人國，鶩取功名，辯之詭者也。若辯之正者，雖孔子自謂「辭命不能」，孟子公孫丑篇。究亦未嘗廢也。蓋時値春秋，朝聘會同，行人奉使，權宜專對，斷章賦詩，戰勝唇舌之間，增輝壇坫之上，小則繫乎家國，大則動關天下。世俗積靡，人漸習於譬稱談說之術，而辯由是盛。是以孔子四科設教，德行、言語、政事、文學。言語多才；宰我子貢，善爲說辭。而子貢連騎結駟，利口巧辭，尤爲翹楚。田常欲作亂於齊，將移兵以伐魯。孔子聞之，謂門弟子曰：「夫魯墳墓所處，父母之國，國危如此，二三子何爲莫出？」子貢請行，孔子許之。遂先至齊以說田常，次乃南說吳王越王，北說晉君。一出四國，使勢相破，十年之中，魯得以存；然亂齊而破吳，彊晉而霸越，見史記仲尼弟子傳。天下騷然煩動矣。夫子貢游說，雖近於從横之士哉，其存父母之邦而用心至忠，所謂辯之正者也。陵夷至於戰國，諸侯放恣，處士横議，是非不明，言盈天下，是邪說誣民，充塞仁義也。孟子後車數十乘，從者數百人，以傳食於諸侯，乃曰：「我欲正人心，息邪說，距詖行，放淫辭。」故曰「我知言」。「詖辭知其所蔽，淫辭知其所陷，邪辭知其所離，遁辭知其所窮」。然外人皆稱孟子好辯；而孟子曰：「予豈好辯哉？予不得已也。」蓋亦辯之正者焉。夫儒家之辯，其若此矣。今觀公孫之言，其於趙也，固有子貢之忠；其於審名實而欲以化天下也，似亦孟子之不得已。然則謂龍爲詭辯，其誰信之？且龍之爲辯士，固無妨於其所學也。蓋春秋習辯術者，已有「辯者」「辯士」之目。莊子天地篇載孔子曾引「辯者」之言以問老子，至疑其爲「聖人」，其勢可謂盛矣。且當時辯士，似有專其所業而呈殊異之狀者。如莊子云：「孔子舍於沙邱，見主人，曰：『辯士也。』子路曰：『夫子何以識之？』曰：『其口窮踦，其鼻空大；其服博戲，其睫流撟；其舉足也高，其踐地也深；鹿與而牛舍。』」太平御覽四百六十四人事部引，困學紀聞卷十莊子逸篇亦載之，然文略異。蓋春秋辯士之風如此。又呂氏春秋士容論曰：「客有見田駢者，被服中法，進退中度，趨翔閑雅，辭令遜敏，田駢聽之畢而辭之。客出，田駢送之以目。弟子謂田駢曰：『客，士歟？』田駢曰：『殆乎非士也。今者客所弇斂，士所術施也；士所弇斂，客所術施也。客殆乎非士也。』」此客疑亦戰國辯士之容。蓋田駢冷汰於物，不師知慮，推而後行，曳而後往，見莊子天下篇。實與客不相謀，故不遇也。若龍與孔穿辯，先引仲尼，次引尹文，以明立破，因謂穿不知察士之類。然則卽謂龍超乎辯士之上，而無當時學者之寃容，亦未嘗不可也。

辯之正詭，既如上述。然周秦間常有持詭辯以爲滑稽笑噱之談，頗似無用之言者，而亦間得其所謂譬稱之用焉，斯已奇矣。茲雜鈔二十五節於此以見一班。

宋人有閔其苗之不長而揠之者，芒芒然歸，謂其人曰：「今日病矣，予助苗長矣。」其子趨而往視之，苗則槁矣。孟子公孫丑上。

今有人日攘其鄰之雞者。或告之曰：「是非君子之道。」曰：「請損之，月攘一雞，以待來年然後已。」又滕文公下。

梁人有東門吳者，其子死而不憂。其相室曰：「公之愛子也，天下無有。今子死不憂何也？」東門吳曰：「吾嘗無子，無子之時不憂。今子死，乃卽與無子時同也，臣奚憂焉？」臣亦嘗爲子，爲子時不憂。」戰國策秦策三。

宋人有學者，三年反而名其母。其母曰：「子學三年反而名我者何也？」其子曰：「吾所賢者無過堯舜，堯舜名；吾所大者無大天地，天地名。今母賢不過堯舜，母大不過天地，是以名母也。」其母曰：「子之於學者，將盡行之乎？願子之有以易名母也。子之於學也，將有所不行乎？願子之且以名母爲後也。」又魏策三。

溫人之周，周不納客。問之曰：「客耶？」對曰：「主人。」問其巷而不知也。吏因囚之。君使人問之曰：「子非周人也，而自謂非客，何也？」對曰：「臣少也誦詩曰：『普天之下，莫非王土；率土之濱，莫非王臣。』今君天子，則我天子之臣也。豈有爲人之臣而又爲之客哉？故曰主人也。」君使出之。韓子說林上。

有獻不死之藥於荆王者，謁者操之以入。中射之士問曰：「可食乎？」曰：「可。」因奪而食之。王大怒，使人殺中射之士。中射之士使人說王曰：「臣問謁者，曰『可食』，臣故食之。是臣無罪，而罪在謁者也。且客獻不死之藥，臣食之而王殺臣，是死藥也，是客欺王也。夫殺無罪之臣，而明人之欺王也，不如釋臣。」王乃不殺。同上。

齊人有謂齊王曰：「河伯，大神也，王何不試與之遇乎？臣請使王遇之。」乃爲壇場大水之上，而與王立之焉。有間，大魚動，因曰：「此河伯。」又內儲說上。

按秦始皇本紀載：三十七年，博士曰：「水神不可見，以大魚蛟龍爲候。」與此相類。

鄭人有相與爭年者。一人曰：「吾與堯同年。」其一人曰：「我與黃帝之兄同年。」訟此而不決，以後息者爲勝耳。又外儲說左上。

鄭縣人卜子使其妻爲袴。其妻問曰：「今袴何如？」夫曰：「象吾故袴。」妻因毁新令如故袴。同上。

鄭縣人有得車軛者，而不知其名，問人曰：「此何種也？」對曰：「此車軛也。」俄又復得一，問人曰：「此是何種也？」對曰：「此車軛也。」問者大怒曰：「曩者曰車軛，今又曰車軛，是何衆也？此女欺我也。」遂與之鬬。同上。

書曰：「紳之束之。」宋人有治者，因重帶自紳束也。人曰：「是何也？」對曰：「書言之固然。」同上。

記原誤作書。曰：「既雕既琢，還歸其樸。」梁人有治者，動作言學，舉事於文，於，疑讀淤，猶言潤文。曰難之，顧失其實。人曰：「是何也？」對曰：「記言之固然。」同上。

郢人有遺燕相國書者，夜書，火不明，因謂持燭者曰：「舉燭！」而誤書「舉燭」。「舉燭」非書意也。燕相國受書而說之，曰：「舉燭者尚明也。尚明也者，舉賢而任之。」燕相白王，王大悅；國以治。治則治矣，非書意也。今世學者多似此類。同上。

鄭人有欲買履者，先自度其足而置之其坐，至之市而忘操之。已得履，乃曰：「吾忘持度。」反歸取之。及反，市罷，遂不得履。人曰：「何不試之以足？」曰：「寧信度，無自信也。」同上。

齊有狗盜之子與刖危跪省。子戲而相誇。盜子曰：「吾父之裘獨有尾。」危子曰：「吾父冬夏獨有一足袴。」此句原誤，茲據御覽六百九十四改。〇又外儲說左下。

鄭縣人賣豚，人問其價。曰：「道遠日暮，安暇語汝？」同上。

備說非六王五伯，以爲「堯有不慈之名，舜有不孝之行，禹有淫湎之意，湯武有放殺之事，五伯有暴亂之謀。世皆譽之，人皆諱之，惑也。」故死而操金椎以葬，曰：「下見六王五伯，將轂高注：音轂，擊也。其頭矣。」辯若此，不如無辯。呂氏春秋當務篇。

孔子行道而息，馬逸，食人之稼；野人取其馬。子貢請往說之，畢辭，野人不聽。有鄙人始事孔子者，曰：「請往說之。」因爲同謂。野人曰：「子不耕於東海，吾不耕於西海也，吾馬何得不食子之禾？」其野人大說，相謂曰：「說亦皆如此其辯也！獨如嚮之人。」解馬而與之。說如此其無方也而猶行，外物豈可必哉？又必己篇。

有過於江上者，見人方引嬰兒而欲投之江中，嬰兒啼。人問其故。曰：「此其父善游。」其父雖善游，其子豈遽善游哉？此任物亦必悖矣。又察今篇。

齊有事人者，所事有難而弗死也。遇故人於塗，故人曰：「固同胡。不死乎？」對曰：「然。凡事人，以爲利也；死不利，故不死。」故人曰：「子尚可以見人乎？」對曰：「子以死爲顧可以見人乎？」是者數傳不死於其君長，大不義也，其辭猶不可服。辭之不足以斷事也明矣。又離謂篇。

宋有澄子者，亡緇衣，求之塗。見婦人衣緇衣，援而弗舍，欲取其衣，曰：「今者我亡緇衣。」婦人曰：「公雖亡緇衣，此實吾所自爲也。」澄子曰：「子不如速與我衣。昔我所亡者紡緇也，今子之衣禪緇也。以禪緇當紡緇，子豈不得哉？」又淫辭篇。

荆柱國莊伯令其父或誤。視日。曰：二字原倒。「在天。」「視其奚如？」曰：「正圓。」「視其時！」曰：原誤作日。「當今。」令謁者駕。曰：「無馬。」令涓人取冠。曰：此字意補。「進上。」問馬齒。圉人曰：「齒十二與牙三十。」同上。

人有任臣不亡者；臣亡，莊伯決之：「任者無罪。」同上。

魯人有公孫綽者，告人曰：「我能起死人。」人問其故，對曰：「我固能治偏枯；今吾倍所以爲偏枯之藥，則可以起死人矣。」物固有可以爲小，不可以爲大；可以爲半，不可以爲全者也。又別類篇。

相劍者曰：「白所以爲堅也，黄所以爲牣也。黄白雜，則堅且牣，良劍也。」難者曰：「白所以爲不牣也，黄所以爲不堅也。黄白雜，則不堅且不牣也。又柔則錈，堅則折。劍折且錈，焉得爲利劍？」劍之情未革，而或以爲良，或以爲惡，說使之也。故有以聰明聽說者，則妄說者止；無以聰明聽說，則堯桀無別矣。同上。

東家母死，其子哭之不哀。西家子見之，歸謂其母曰：「社高注：江淮間謂母爲社。何愛速死？吾必悲哭社。」夫欲其母之死者，雖死亦不能悲哭矣。淮南子說山篇。

朱儒問「天高」於脩人，脩人曰：「不知。」曰：「子雖不知，猶近之於我。」同上。

右所引者類多詭辯中之浮辭，其甚者且與佛典尼夜耶經第十六句義之「墮負」相似，與形名家學有統紀、獨成一派者，迥不相侔矣。

纂餘第十

形名家所持各論，前已隱據理要，疏通證明，誠無詭辯之慼矣。然稱名取類，立義斷辭，意其絕殊眇諦，殆至公孫氏而歎爲觀止焉。然逆溯而上，如鄧析一人，原患學不純師，操之未篤；其尹文、田巴、兒說、桓團，又僅斷爛畸零，存於殘簡，而毛公尤爲無所考見。然則龍之學自不能盡出於其間。蓋由一己之多方精練，以成此空前絕後之奇埶，謂非天資卓異不能也。惟此派之初，治道若放，則其所放者必爲名家。雖當時名家尚未成立，然如孔子極重正名，以正名之心而有疑於相放之輩，固其宜也。竊意鄧析所持，其最著者或即「離堅白若縣寓」一事，故戰國言名者得引而駁之。因此，頗疑孔子之時，堅白二字已有若干跡象入人心目，或無意流露於脣脗之間，亦非偶然耳。故論語載孔子有云：「不曰堅乎？磨而不磷；不曰白乎？涅而不淄。」陽貨篇。此固無與於辯者之說，然其儷舉堅白二字以立言，則孔子心目中，或果聞見辯者之堅白說而後有此，似亦非二千年後所敢決言其全無影響也。惜乎！節族久絕，文獻無徵，不能暢所欲言，亦且難爲典要，所由撫卷茫然而長喟矣。

列子仲尼篇，韓檀公孫龍所肆之七事，中有「白馬非馬」一辭；而莊子天下篇所載二十三事，反未列入，殊滋疑義。夫惠施歷物，覈有脫遺，別詳舊作莊子天下篇校釋。又安知二十三事不有逸句邪？趙策，蘇子曰：「夫形名之家，皆曰白馬非馬也。」孔叢子曰：「公孫龍好形名，以白馬爲非馬。」跡府亦云：「龍之所以爲名者，乃以白馬之論爾。」又曰：「龍之學，以白馬爲非馬著也。」而今龍書五論，白馬列爲鈍一，復作通變以詳釋之，婉轉曲折，務明其義，惟恐難知。然則白馬非馬者，實形名家當時所共持誦之論題，而亦即爲彼輩論題中之所最要者也。故孔穿與龍會於平原君所，穿曰：「誠去白馬非馬之學，則穿請爲弟子。」蓋欲摧其堂構，不若首墮其基，則棟折榱崩，自不待言矣。是以喻以非馬，莊周謀物論之齊；惑於用名，荀卿嚴亂實之禁：則白馬非馬，又爲時賢衆矢之所集焉。意者斯論甸傳，春雷震耳，第愚者固不能憭，惠黠者即亦難知，由是傳聞異詞，觝諆以起。故桓譚新論云：「公孫龍常爭論曰『白馬非馬』，人不能屈。後乘白馬無符傳欲出關，關吏不聽。此虛言難以奪實也。」白帖卷九引。劉向別錄曰：「公孫龍持白馬之論以度關。」初學記卷七引。高誘注呂覽淫辭篇曰：「龍乘白馬，禁不得度關，因言馬白非白衍文。馬。」又羅振玉刊古籍叢殘，其唐寫本古類書第一種，白馬注云：「公孫龍度關，關司禁白馬不得過，公孫曰：『我馬白非馬。』遂過。」而韓子又載爲兒說之事，其外儲說左上云：「兒說持白馬非馬，服齊稷下之辯者；乘白馬而過關，則顧白馬之賦。」已見前引。蓋公孫白馬非馬說，羣以爲奇，不解所謂，因僞造度關之事以詆之，亦可哂已！

形名家又有「離堅白」一事，亦驚人之談，常人所不易憭者也。蓋戰國堅白之說有二：一，盈堅白；二，離堅白。前者名家主之，如三墨之徒及惠施皆是；後者形名家主之，如鄧析、桓團、公孫龍輩皆是。其辯已見堅白論及理詮篇，茲不贅述。惟後世讀者，每見團龍之言，斥爲詭辯，名與形名，混爲一談，實足亂人思致。如荀子修身篇云：「夫堅白同異有厚無厚之察，非不察也；然而君子不辯，止之也。」又禮論篇云：「禮之理誠深矣，堅白同異之察入焉而溺。」韓子問辯篇云：「堅白無厚之詞章，而憲令之法息。」呂氏春秋君守篇云：「堅白之察，無厚之辯，外矣。」凡此所言，皆不指明家派，固難遽辨。若莊子駢拇篇云：「駢於辯者，纍丸結繩竄句，同鉤。游心於堅白同異之間，而敝跬譽無用之言非乎？而楊墨是已。」明言楊墨，則指盈堅白無疑。又齊物論篇云：「惠子之據梧也，……故以堅白之昧終。」德充符篇莊子答惠子曰：「今子外乎子之神，勞乎子之精，倚樹而吟，據槁梧而瞑；天選子之形，子以堅白鳴。」惠爲名家，其所言者必亦盈堅白也。然司馬彪曰：「堅白，謂堅石非石，白馬非馬也。」荀子修身篇楊注引。又注齊物論篇有曰：「堅白，謂堅石白馬之辯也。」又云：「公孫龍有淬劍之法，謂之堅白。」此說崔譔亦同。又云：「或曰設矛伐同戟。之說爲堅，辯白馬之名爲白。」齊物論篇釋文引。其言惝恍迷離，幾同占夢。而史記荀卿傳言「趙有公孫龍爲堅白同異之辯」。裴駰集解引晉太康地記云：「汝南西平縣有龍淵水，可用淬刀劍，特堅利，故有堅白之論。云：『黃所以爲堅也，白所以爲利也。』或辯之曰：『白所以爲不堅，黃所以爲不利。』」蓋淬劍堅白之說，疑起於古。故呂覽別類篇云：「相劍者曰：『白所以爲堅也，黃所以爲物也。黃白雜，則堅且物，良劍也。』難者曰：『白所以爲不物也，黃所以爲不堅也。黃白雜，則不堅且不物也。』」此或春秋戰國因龍淵水可用淬劍而言劍之黃堅白利耳，乃竟傅合以爲龍有淬劍之法，而裴駰且專據此以釋龍之堅白之辯，不亦傎乎！又成玄英作莊子疏，其於齊物論言「堅白之昧」云：「堅白，卽公孫龍守白馬論也。」此句當有誤字。於天地篇云：「堅白，公孫龍守白論也。」於德充符篇云：「子指惠施言。稟性聰明，辨析名理，執持己德，炫燿衆人，亦何異乎公孫龍作白馬論云白馬非馬？」既以白馬釋堅白，復牽龍之白馬論以就施之堅白說，皆由學術未明之過也。

名家「盈堅白」之說，以謂堅白域於石而不相離，乃有引申其義曰「同堅白」，以比於人主之所甚親愛者，且離所愛亦以「離堅白」比之，可謂文辭巧濫矣。豈此說在戰國時久已熟聞習見，遂不禁竊其意而神其所用歟？如韓子外儲說右上云：「夫痤疽之痛也，非刺骨髓，則煩心不可支也；非如是，不能使人以半寸砥石彈之。今人主之於治亦然，非不知有苦則安；欲治其國，非如是，不能聽聖知而誅亂臣。亂臣者必重人，重人者必人主所甚親愛也；人主所甚親愛也者，是『同堅白』也。夫以布衣之資，欲以『離』人主之『堅白』——所愛，是似（道藏、乾道二本均作以。）『解左髀、說（讀爲脫。）右髀』者，是身必死而說不行者也。」夫以堅白擬人主之所愛，則人主者石也，堅白者左右也。意謂左右之於人主，正猶堅白之於石，故又以「解左髀、說右髀」譬諸「離堅白」，蓋卽所以喻人主左右離之之難也。

公孫龍者，戰國形名學派之大師，亦趙平原君門客之高賢也。嘗考荀卿與龍皆同國同時，而龍年事或爲長老。趙惠文王時，平原君號稱好士，龍在平原君所，甚見優異。據史記，卿年五十，始往游學於齊。又楚策四、韓詩外傳四、劉向荀子序、風俗通窮通篇，並謂卿自楚之趙，以爲上卿。（卽「孟子爲卿於齊」之卿。）則龍與卿同在趙時，極有相見之緣也。迨後孝成王立，平原君爲相，卿又自秦返趙，（汪中謂荀子歸趙，疑當孝成王九年十年時。）見孝成王論兵，亦與平原君相善，故臣道篇亟稱之曰：「平原君之於趙也，可謂輔矣。」此時龍曾否在趙，二子曾否相見，均不可知。惟卿書屢有譏訐形名學派之文，翫其語意，似曾蒿目其間，深惡痛絕；而又不敢明言，懷有無限隱衷而後發者。班孟堅謂「大儒孫卿，離讒憂國，作賦以風，有惻隱古詩之義」。（見漢志詩賦略後序。）殆卽謂此與？如云：

若夫充虛之相施同移。易也，堅白之同分隔也，此句原誤，茲據舊校改正。是聰耳之所不能聽也，明目之所不能見也，辯士之所不能言也，雖有聖人之知，未能僂指也。而狂惑戇陋之人，乃始率其羣徒，辯其談說，明其辟稱，老身長子不知惡也。夫是之謂「上愚」，曾不如相雞狗之可以爲名也。儒效篇。

若夫非分是非，非治曲直，非辨治亂，非治人道，案直將治怪說，玩琦辭，以相撓滑也。不好辭讓，不敬禮節，而好相推擠，此亂世姦人之說也，則天下之治說者，方多然矣。傳曰：「析辭而爲察，言物而爲辨，君子賤之。」解蔽篇。

「止，而同如。矢過楹」；「白馬非馬也」：二句原誤，茲據舊校，已見前。此惑於用名以亂實者也。驗之名約，以其所受悖其所辭，則能禁之矣。正名篇。

以上所列隱嘲暗詆之文，荀子書中，不勝縷數。而其所謂「治怪說，玩奇辭」，所謂「充虛移易，堅白分隔」，所謂「白馬非馬，用名亂實」，覈皆公孫龍輩所持之形名學說也。乃荀子舉而非之，且曰「曾不如相雞狗之可以爲名也」。蓋形名家言有「雞三足」「狗非犬」之說，正荀子所謂「不知無害爲君子，知之無損爲小人；王公好之則亂法，百姓好之則亂治」者也。乃於憤恨疾痛之餘，從而隱約其語，卽以相雞狗者爲況。意謂形名家之所以爲名者，乃以雞狗之論耳；然論雞狗之所以爲名，曾不如相雞狗之可以爲名也。至謂「率其羣徒，老身長子不知惡之」，頗似影射當時公孫龍及其門弟子而發。意彼時卿爲名儒，道守禮義，行應繩墨，智通倫類，迹近小拘；而其狷介剛愎，深自信賴，詆諆諸子，惟己獨尊，易爲人所嫉視。而趙又爲龍之弟子輩所宅，形名之說，日益熾盛，推擠儒學，舉趙傾移。卿乃適丁其厄，道不行於舊邦，身不安於故土，形孤勢絀，憤不得伸。是以斥爲「狂惑」，詆爲「上愚」，怨毒之聲，形於顏面，遂欲力殺其談，故卒游齊、秦、燕、楚，老死蘭陵而不悔也。然荀子書中，公孫龍及其門弟子如綦母子之屬，未曾一見其名氏者何哉？曰：此殆荀卿豫有戒心，慴於當時羣衆，（羣衆二字，荀書屢見。）懼招一時之忌以危其身，不敢訟言指摘。劉知幾謂「春秋隱而不宣，所以免時難」，（見史通古今正史篇。）莊子著書，大率寓言，皆此志也。不然，或卽假託形名先進之鄧析以寄其慨與？且言時必並稱「惠施鄧析」而不一稱「鄧析惠施」者，以其所冒意實在龍，不在析也。且嘗單稱惠子，（解蔽篇。）或同稱「愼、墨、季、惠」，（成相篇。）而鄧析一人未嘗獨及焉，亦不爲無因者。玆引卿書數節以證吾說：

山淵平，天地比；齊秦襲；入乎耳，出乎口；（疑當作山出乎口。）鉤有須，卵有毛：是說之難持者也，而惠施鄧析能之。（不苟篇。）

不法先王，不是禮義，而好治怪說，玩琦辭，甚察而不惠，辯而無用，多事而寡功，不可以爲治綱紀；然而其持之有故，其言之成理，足以欺惑愚衆：是惠施鄧析也。（非十二子篇。）

不卹是非然不然之情，以相薦撙，以相恥怍，君子不若惠施鄧析。若夫譎（讀爲決。）德而定次，量能而授官；使賢不肖皆得其位，能不能皆得其官；萬物得其宜，事變得其應；愼墨不得進其談，惠施鄧析不敢竄其察；言必當理，事必當務：是然後君子之所長也。儒效篇。

上引三節，皆言惠施鄧析，謂之斥責鄧析惠施固可，卽謂之斥責惠施公孫龍亦未嘗不可也。蓋古書類多施龍騈舉；而惠析並稱，惟見荀子。然則荀卿之言，隱寓他意，從可知矣。吁！孰謂荀卿浪游列國，遠客南邦，死不葬於祖宗丘墓之地，豈其私衷所欲哉？夫固有如此學敵以爲之距也。千載而下，讀卿之書，可以想見其抱道離憂，憤懣而不已也。

公子魏牟，龍同時人，曾遊於趙，說王「治國不以予工，乃與幼艾」，言甚切要，蓋刺建信君之以色貴耳。見趙策三。此時龍固健在，左右平原，以事度之，二子必見；若據莊子秋水篇「龍問於牟」一節，知其曾圖嘉會，喻以極妙之言矣。蓋牟雖道家，與龍契合；正如莊惠二子，相反而實相成。故龍於堅白然可，雖自爲至達，而異於莊子之言；牟因其「問方」，遂痛責之，欲牖之以進於道也。惟其然也，故樂正子輿與牟問答，見列子仲尼篇。牟皆左袒龍，助之張目焉。由是以觀，荀子之所惡於龍者，方且遷怒於牟矣。是以非十二子篇曰：「縱情性，安恣睢，禽獸行，不足以合文通治；然而其持之有故，其言之成理，足以欺惑愚衆：是魏牟也。」觀其怨毒之氣，與詈龍輩殆無少異，亦足知其隱衷之所在矣。

原序

形名發微十篇既竟，作而歎曰：周秦之間，諸子蠭起，游文騰說，波譎雲詭，其飛曜於當時而能揚聲於後世者，殆亦希矣。然未有若形名之家，不獨指意淪堙，響沈光絕，即其所揭櫫之號，亦不能終保；而乃易之以亂名，羣相怪咋，幾二千年而不止。嗚呼！豈有它故異物哉？蓋歷代以來，功令所限，其學不周於常人之用，而漸即於衰替焉耳。雖然，書缺有間，獨賴公孫龍子五篇之存，其所表見皆不虛，而其佚又時時見於他說，非好學沈思，心知其意，固難爲膠見謏聞道也。夫名家之學，體大思精，墨徒傳之，經說具在。今公孫白馬、通變、堅白，皆作答問，自畫爲守，畺域宛然，疑當世二家對揚之辭，後學編掇者也。不佞初治形名，由名學起，前後將近十年，孤陋膚淺，苦悟而寸進；積貫所得，僅成斯編。惟冀並世哲人，其有窮原竟委，復益發揮而光大之者，則不佞此作，直先驅之蔽篲而已。一九二八年戊辰十月，湘鄉譚戒甫序於國立武漢大學西苑。

後記

形名發微和墨辯發微是兩個姊妹篇。形名家和墨辯家是一對互相關聯的親姊妹，也就是在一家中兩個愛鬭嘴的頑皮角色。它們吵起來，有些好像是同聲相應的話；但針鋒相對，確實是各有心胸，分寸不亂的。我研究形名學略後於墨辯學，但發現形名家還在發現墨辯家的小取論式之前一點。我因有這兩個發現，一部墨經和一部公孫龍子才有可能輕鬆愉快地讀下去，這是我個人的一種體會。

現在想談一下我研究形名學的經過以及本書所遭遇的情況。

我認識形名家之學是從墨經內部引起的，墨經都是名家之學，而形名學是由名家之學的反面發生之故。

一九一九年一月，先兄穀甫臥病長沙，我往省視，卽住其寓。時兄咯血班班，呼吸不勻，我感憂慮。夜深略定，我坐火旁，忽入遐想。頃刻若醒，隨手取身邊墨箋稿本一看，得讀經說下「若敷與美」一節，今本第四條。展轉推究，頗悟入形名之理，不覺大叫一聲。兄忽驚問，我亂以他詞，因卽就寢。明日，以實告，兄亦首肯，病漸略佳。過數日，怡怡如常，對我說：「你用心至此，書必有成，但不要蹈我的覆